人生選擇這樣過?!

念轉運就轉24

暢銷作家
黃子容 著

你喜歡現在的生活嗎？
也喜歡現在的自己嗎？
你可以接受人生選擇這樣過？
還是，你想要好好改變人生，
選擇自己想要的生活？

你的人生，由你來做選擇！

黃子容

經歷疫情的那些日子，大家都辛苦了，過去這些日子讓我們學習到很多，每個人的生活不僅有很大的改變，連心靈成長方面，每個人面對生活也各有領悟。這段時間，每個人在面對生活時，內心都曾有過抗拒、煎熬、失落、接受，改變是必然的，也讓人有許多的成長。

但真正更需要學習的，是在疫情過後的現在。

大家因為經歷過疫情的艱難，好不容易漸漸恢復以往的生活，很多人面對無常有很大的恐懼，不知道下一波又會面臨什麼樣的危機或困境，因此對於當下的生活感到急切與不安，有很多事情在處理上，開始顯得更加的急躁。

深怕萬一生活中又起了什麼樣的變化，機會又失去、生活又停滯、工作停擺、經濟失調，這些無常的恐懼存在在人們心中，於是爭取機會、把握機會成為每個人最在意的。

因為如此，人的貪念貪心也容易在此刻顯現，接下來的課題，才是我們更需要正視與面對的。

面對生活，我們需要更多的耐心跟安心，讓人們的心裡面恢復更多的平靜，找到更多安定的力量。

每一個人在這個階段都需要更多安心立命的目標。

人生就如同經歷多個十字路口，一直不斷地在做選擇，選擇自己想要的，有時也會為了他人做選擇。

人生選擇這樣過？！

現在的生活你滿意嗎？是你喜歡的嗎？

如果未來十年，生活都是這樣過，你可以接受嗎？

還是你想要有一點不一樣的改變或變化，或者你期待有比現在更好的生活？

安於現狀是一種選擇，改變也是一種選擇。

在閱讀這本書之前，真心的問自己：你對現在這樣的生活，滿意嗎？

你喜歡現在的自己嗎？

從現在開始，我們學習建立一個新的觀念：每個人都必須為自己的人生與選擇負責任，別人的選擇不是你的錯，更不是你的責任。

靜下心來，思考「人生選擇這樣過？」

想想你過去的生活，是否為他人過度承擔？

人生選擇這樣過！

請先學習告訴自己：別人生活中的選擇，不是你的錯，你不必過度承擔！

每一個人都有自己的選擇權，而當下的選擇，都不會是遺憾的，因為當下的選擇，可能都是當時必然的產物，人在此時此刻經歷到這事情，讓你必須在這個當下做出這樣的決定選擇。

這本書講到的「進入人生第二個階段」，這個所謂「人生第二個階段」，其實跟你的年齡無關，不是說到了幾歲，就是進入到了「人生第二階段」。

這裡所提到的「人生第二階段」，跟你的年齡無關，是依據你人生想要有新的突破，重大的啟發，想要改變有關。

這個「人生第二階段」，指的是你對於生活當中，有一些領悟，想要透由這些領悟感受，覺察覺知之後，了解自己現在目前生活的狀況，想要針對你的生活、人際關係、工作，去做一個很大的改變。或者是，你因為過去學習到了許多生活當中的智慧，不管是從挫折當中給予你的啟發，或者是人生經驗的累積，讓你想要去突破。

並且深刻的了解到，現在目前這樣的生活，並不是你所想要的，你擁有想要改變的動機，就會帶領你走入了人生第二個階段。

進入到人生第二階段的時候，我們就要開始面對「想要改變的壓力」，而這個改變的壓力，來自於你想要重整生活的模式、人際關係的型態，以及你在工作上新的發展，跟你面對人生，建立新想法的時候，會進行所謂的調整整合。

而當我們在生活當中調整時，會遇到無法產生改變的狀況，也就是說，你非常有想法意識，知道你的生活必須改變，但確切的執行力不強時，它就會讓你退回到原來的生活形態。

人在舒適圈裡面，是會感受到安全感的。

有了改變，會害怕是否能夠成功的改變？

當然，也會害怕改變之後，失去了原有的的生活，在這樣改變的動機想法下，改變也會變成一種阻礙。

但如果你現在想要真正的去做改變，讓改變的周期，適應的狀況，可以連續超過三週，那麼改變就會變得比較容易了。

例如：你想要改變某一個習慣，或想要把某一個習慣變成常態，你可能要重複做這件事情，超過三週，固定有這樣的改變周期時，這個習慣才會真正的被建立，有了這樣的改變，才會真正成為你的新習慣，改變才會真正的發生。

這個延續持續的功課並不容易，很多人因為無法堅持，變成了三分鐘熱度。

那麼在人際關係上也是一樣，有時，你不斷地在人際關係當中被勒索、被威脅控制，甚至於情緒上的勒索，你過去可能都是不斷地隱忍、配合、妥協、委屈自己，但到了人生第二階段的時候，你可能會開始去思考：我從來沒拒絕過誰，很多事情被視為理所當然，我做了，別人也不會感激我，那麼這樣的隱忍，對於對方跟自己來講，是好的嗎？

其實都沒有好處，對於對方來說，這樣的隱忍，讓對方視為合理正常、予取予求，因為你不主動拒絕，對方覺得你認可、你接受，以致於變本加厲。

那麼在你自己的想法中，一直不斷地被情緒勒索，或者是被人脈的壓力脅迫著，它也可能會讓你承擔過多的責任與壓力，以及背負著很多無謂的使命，讓你產生擔憂焦慮。

在這樣的狀態下，其實你的人就會被禁錮在這些不舒服的關係當中。而在不舒服的關係中，是無法得到快樂的，相處起來也不會感受到自在。

如果我們真的想要突破這些窠臼，想要擁有新的一段生活，新的生活型態，那麼在進入人生第二階段，真的必須去做一些思考與改變，從心底真正的面對自己，面對自己的想法，去勾勒出你真正想要的生活是什麼？

也許保留一些精彩豐富的生活形態，也許有時也會想要有一些寧靜的生活狀態，不一定要在進入人生第二階段的時候，都是平靜的、寧靜安靜的。進入人生第二階段，不是要你進入老年生活，這是不一樣的。

規劃出你人生第二階段，可以是更加充實的，可以是真正屬於自我的發展，也是符合你個性的狀態，這樣的選擇與改變，才會讓你真的快樂。

例如：本來就喜歡交朋友或旅遊的人，在進入人生第二階段，你可以選擇自己想要過的生活模式，積極的去開創建立，讓頻率相同的人走在一起，這樣更能夠讓你感受到快樂的人生。

開始有了新思維與新的改變之後，你不再為了要去迎合他人，而做某些強迫自己面對的窘境，你會所選擇。

開始學習不再委屈自己，而學會適時表達自己的想法。

當然，不是要你學會目中無人，不管別人的看法而盡情做自己，而是希望你在學會表達自己的想法之後，能夠不在意別人的看法，不會因為無法配合他人而難過。

因為你逐漸知道，理解他人與被理解的重要性。能夠瞭解他人與自己的不同，不會強迫他人接受配合與改變，就算自己的想法或做法不被認同，也不會因此而否定自己的價值。

這樣的心念建立，你就可以真正進入到自己的核心價值中，開始去思考現在的生活，是你想要的？還是你必須要的？

這本書其實無法告訴你人生該怎麼做選擇？我無法給你答案。這本書是引導你，如何去思考？如何去看待自己人生的價值？以及如何認識自己，找回真正的自己？

你必須真的認識自己之後，才能做出最適合自己的選擇。

人生中，在想要與需要的分析當中，也要去思考在人際關係、物質環境、工作領域、感情生活當中，有哪些部分是你很在意，很想要的？或是需要的？

譬如說，你可能必須依賴一段關係，讓你得到愛的滿足與安全感。

在這個部分，你無法取捨的情況下，要做什麼樣的調適？讓你維持在進入人生第二階段的時候，可以不再是像人生第一階段時一樣，不斷地開創、冒險。

在對自我的認識與了解之後，你知道自己可以做什麼樣的發展，進而超越自己的極限。

但到了第二階段時，你已經開始想要更深入的去了解你自己，更明白、更明確的知道外在的環境，可能無法改變，尤其無法改變別人時，在這種認知下，你知道必須先從提升自我心靈開始，加強自我的防衛機制，甚至於建立自我價值核心的堡壘，不再輕易地因為別人的評價，而否定你自己，也不再為了符合他人的期待，而做無謂的犧牲。

你的核心價值，變成是你自己。

在進入人生第二階段時，你開始體悟到，人在生活中有所領悟，是非常重要的一件事情。

我們不能漠視自己的感覺，更不能忽略了自己的感受，我們開始有了覺察之後，這一切的覺察就會產生覺知，而知道自己要什麼？這是非常重要的過程。這是一個「悟到」的過程，有了覺察便有覺知，有了悟就會開啟智慧。

而領悟過後，所做的選擇更是重要。我們可以開始去觀察人與人之間的思考連結，以及我們在生活當中的狀態，每一個層面都開始檢視。

全面的去檢視每一段關係，包含所有的朋友、家人、職場、人際關係，是不是在這些關係當中，可能隱藏了某些微不足道的傷害？

然後讓你逐漸麻木的去接受了這些傷害？

你以為無所謂，但它們可能深深地不斷地侵入在你的心裡面，讓你自信受挫、自尊受到傷害，漸漸的對於自我的認知，不再那麼強烈時，你就會不斷地配合他人過生活。

事實上，我們都不需要去接受一段不舒服、不自在的關係。

如何建立真正產生交流互動、正向影響的關係，是非常重要的。

你跟這個人在一起時，你是會感受到快樂的、自在的，甚至於可以擁有心靈成長上的提升，以及你能夠樂於分享自己，而不害怕別人對你有不同的眼光投射，你能夠在這段關係裡面，真實的做自己，並且感受到支持的力量，這可能才是你真正想要的關係，而這樣的關係維繫，有很重要的一部分是，大家都一起在成長著，不管面對困難挫折時，都有人支持著你，不管傷心或快樂，都有跟你分享。

可以在這樣的關係中繼續成長，才能留住人的心，才能讓別人感受到支持與尊重，相對的，這也是一種愛的感覺。

我們都渴望被愛，被尊重，被人需要著，如果可以一起成長，我們就可以一起提升心靈，一起成長。

進入了人生第二階段的時候，你可能要開始跟不喜歡的生活做告別。

對於過去的生活中，你不喜歡的心態，不喜歡應對的人事物，其實你都有權利可以去做一些選擇。

過去的你，可能礙於人際關係，或者礙於生活、工作，努力的維繫表面的狀態，而必須妥協，做一些配合。

但是到了人生第二階段的時候，你可以開始去思考這些人生，真的是我喜歡的面向樣式、樣貌嗎？

如果不是，我們就必須要學習更加勇敢的去告別你不喜歡的生活，讓你的心能夠完整的學習放心、放下。

放下過去的包袱，不再帶著這些過去的沉重包袱而前進，讓你的心學會自由，學習放下，也是一種勇敢的選擇。

過去的你，可能專注於很多的物質追求，與功成名就的追求，以及財富的累積，對你來講是人生非常重要的目標。

當然到了某個階段之後，不管你是否已經達成目標，都必須開始要學習做一些取捨。

過去可能一直不斷在重複循環的挫折，現在開始要能夠了解到，學習接受「期待可能會落空」這件事情。

人生不可能事事都如意，並不是每一件事情，你想做改變的時候，它就會如期的順利發展，有時，可能真的會產生期待落空的狀態，那麼你是否可以接受自己期待落空了？

你所在意的，失去了，你所期待的無法順利達成。

你可能會陷入沮喪的狀態中，也可能更加努力想要去得到，希望從這些絕望當中，還能夠找出一絲絲可能的努力。

人生進入到第二階段之後，就像是減法生活，東西越來越少，朋友越來越少，想去的地方、想追求的物質環境，也越來越少，期待寧靜的時間多了，那麼也開始重新思考跟定義，所謂幸福的人生。

每一個人，對於幸福的定義都不同，有的人覺得喝一杯咖啡、吃個甜點、吃到美食、可以到處玩，就是一種幸福。
有的人，看見蔚藍的天空、遼闊的大海，覺得是一種幸福。
你開著跑車、住在豪宅，也是一種幸福。
有的人，工作上有成就，受到眾人的讚賞，工作上有非常穩重成熟的表現，這也是一種幸福。

幸福的定義，沒有標準答案，沒有一定什麼樣的形式呈現，才是真正的幸福。

所謂幸福的定義，是由你自己來做決定的。

想要擁有幸福，我們都必須拋開過去不快樂的包袱，然後從此刻開始，頭腦越來越清晰的知道你想要、你需要的到底有哪些？

進入到人生第二階段之後，你開始學習接受無常，接受生活當中的變化，接受別人不同的意見與想法。

越來越能夠知道，平凡越能接近幸福。

對幸福的定義，是累積豐富的智慧與意識，其他物質可能是減法的人生。

很多事情，越來越簡單，不管是情感關係、人與人之間相處的模式、生活的狀態，都可能期待越來越簡單化。

就算是只有瞬間的幸福，你也能夠感受其中，懂得珍惜，更瞭解緣起緣滅的重要性。

有的人說，其實幸福最重要的關鍵，就在於你能不能做自己？

如果你可以快樂的做自己，知道該如何與自己相處，你就會感受到快樂。

在人生這麼長的時間裡，你是最了解自己的人，如果你可以非常明白明確的知道自己心裡面真正想要的，那麼你的心靈就會獲得最大的安定與自由。

懂得安排自己生活的同時，能夠知道什麼樣的選擇，最適合自己。

你存在於這個世界當中，希望用什麼樣的方式來對待你自己？

你是一個有能力，可以為自己做出選擇的人。

人生選擇這樣過？還是人生選擇這樣過！

問號與驚嘆號之間，就看你自己找到答案了嗎？

這本書引導你認識自己，找到適合你做出選擇的方法。

你要選擇的人生，要過的生活，並不是要你按照我書上的指示去做選擇，而是希望能夠藉由不斷地思考，與認識自己，多了解自己，傾聽自己內在的聲音之後，靠自己的智慧，找到適合自己的生活方式。

我告訴你該怎麼做，未必有用！但你懂得為自己做出選擇，就是最適合你的答案。

就像我們常聽人家說「一生當中必做的三十件事情」，這舉例的三十件事情，並不是要你完全跟著去實踐、去完成，才算是完整了你的人生。

而是提供了三十個不同的選項，根據你自己的需求、個性、生活方式、經濟條件，去做你想要的選擇，也未必是你必須完成的事情，是從這三十件事情中，去做人生想要的選擇，是經過思考，有經過意識而做的選擇。

而不是制式的要求，也不是條件式的條列，然後告訴自己：人生完成了哪些？好像就到達了什麼樣的成就？

而是希望你能夠在完成這些夢想之前，先自我了解，自我認識，再去調整你所謂的夢想。

這樣完成的每一件事情，都才會是真實開心，有意義的。

否則，我們有時候可能太在意別人的想法，想要去完成很多事情，其實是符合他人的期待，並不是自己真正想做的，而是想做給別人看，或是想證明給別人看的。

也許證明給別人看，跟做給別人看當中，你會獲得許多的快樂，但畢竟還是充滿了某些的壓力，讓你在完成，或者是在達成目標的同時，其實伴隨著某些壓力的存在。

人生的希望與選擇，應該是真正的單純，單純的美好，才可以帶來真正的快樂。

選擇真正想做的事情，會帶來更多人生的動力。

你的人生選擇如何過？現在這樣嗎？還是該開始做些改變了？

期待你的改變與分享！
人生選擇這樣過！
願你的人生，順緣！順願！

自序

選擇改變，啟動力量

持心念

選擇改變，啟動力量

選擇改變，啟動力量

你滿意現在的生活嗎？你想要做出些不一樣的選擇嗎？

這個選擇最重要的是，選擇改變自己的人生。

一個人想要改變時，會有想法先出現，然後思考著如何去做，接著計畫想法就會開始有了雛形，試著去了解執行的可能性。

一旦決定要做時，便會努力幫助自己達成，這是一個非常重要的啟動。

每一個人在做事情的時候，都是先有了想法，接著有了行動力。

有了改變的企圖心非常重要，而這個企圖心，是學習試著讓自己變得更好。

變得更好，就是改變的動力。

這個改變可以創造更有價值的人生，就值得我們去做。

這個改變可以讓現在的你，有不同的學習與成就，這個改變就值得一試。

當有人與你分享他即將想要的改變時，請你不要潑他冷水，請不要否定他，請多鼓勵他，讓他朝著自己所設定的方向前進。

也許你覺得改變的計畫，不夠縝密，不夠周詳，那麼也請你試著給他一些意見與想法，但不要否定他，更不要打擊他！

這是非常重要的過程，相信一個人有了改變的想法，就可以啟動改變的力量，如果你都不願意相信他，然後說出打擊他的話語，沒有給他信念也就算了，還要打擊他，真的是最不好的事情。

雖然你在聽完他的想法時，會有自己的判斷，會有想說真實建議的話，但請也運用你的智慧，該如何婉轉地鼓勵他更加縝密的思考？他沒有思考到的面相，你如何協助他、提醒他？而不是否決他或是嘲笑他！

我們都曾經在這些冒險嘗試中犯錯，常在挫折中找到答案，常在打擊中看見自己的韌性，想要變得更好，是一件值得鼓勵的事情。

願意改變的人，人生充滿希望。

不願意安於現狀，願意改變的人，人生充滿契機。

面對願意改變的人，我們口中多些讚美，即使最後的結果不如預期完美，也應該得到我們的支持。

對於自己做不到的事情，就別再要求別人完美。

說了一口自己有多厲害的樣貌，但自己未必能夠做到，教別人怎麼做很強，但自己卻完全做不到，紙上談兵說得容易做得難。

我們要改變用嘴巴做事情的這個壞習慣，不要常常只是指揮別人做事，有的時候必須要換位思考，如果你是對方，你有沒有辦法做到跟對方同樣的標準？

我們都知道說很簡單，真正確實的去執行，是真的有困難度的。

我們就別再只是紙上談兵，或者是把事情說得很容易，其實很多事情真正實際層面執行時，會遇到很大的困難。

人是活的，人是無法掌控的，思考是跳動的，人與人的互動是無法猜測的，所以有太多無法預期的狀態存在。

我們怎麼能夠說得如此簡單，而把別人的付出，說得一文不值，好像自己的經驗豐富，是對方必須要依據與崇拜的。

為何不能夠學習低調？為何不能夠學習謙卑？能夠在謙卑當中展現自己能力的人，才是真正有實力的。

漸漸丟掉不必要的人生包袱，重新檢視自己的人生，重新詮釋幸福的定義，你可以改變你現在的生活，只要你願意去思考，去執行改變，你一定可以過得比現在更好。

學習每天練習做決定，一個小小的改變，就能產生大大的不同，你願意改變的同時，就能改變你的命運。

一個小小的習慣，堅持三週，就能養成習慣，改變就能延續，你就看見大大的不同。

每天練習做點小小的改變，你的人生真的會不一樣。

選擇改變，就能啟動翻轉命運的開始。

編劇人生

我們是人生的編劇，如何要演繹你的生活以及人生，都靠自己自導、自編、自演。

我們就是編劇，人生一直不斷地在編輯自己的戲劇人生，然後從而不變的就是你不僅是導演，你是其中最重要的演員，其他的人在你的生活當中，其實都是配角，只有你自己是主角。

那麼在這樣的人生當中，有的時候我們所要表達的，可能不如外界所看到的那樣，但別人看見了，他有別的詮釋，別的解釋。

一齣戲，編劇最能知道其中緣由，觀眾看來有別的解釋，是很正常的。當然，這也是讓你有時候在做自己時，感到力不從心的原因。

也許你無意想要表現出某一個想法，但卻被別人錯誤解讀而誤解了。

別人過度的猜測，可能失去了整部編劇的初發心，別人過度的猜測，可能抹滅掉你的努力，以及別人過度猜測，或者參與了你的人生，都可能喧賓奪主，讓你無從發揮，甚至於整部戲選擇放棄。

一定要記得，你是這部戲的主角，只有你自己可以為自己的人生做出決定，別人參與你的人生，都只是跑龍套的角色或者配角，你不必太在意他們做了什麼，演了什麼，說了什麼，而影響到主角的戲碼，或改變主角被觀眾所注視的狀態。

你只要記得自己是主角，任何人在你的人生當中都是配角時，他們所說的，都不需要太過在意，只不過是襯托了你，或者讓你有所領悟的一個角色與環節罷了。

你可以從旁學習他們的精神與想法，思考的態度，面對人生生活的態度，你可以將這些好的想法思維留下來，變成自己的見解；你可以從他人身上學習，然後轉作自己的智慧思考，這都是很棒的學習。

但不要讓別人過度參與你的人生，也不要讓別人過度的猜測而影響到你對未來生活當中的判斷。

有自己的想法，那麼就全心全意的去支持自己的想法。

編劇的方向該怎麼走？編劇該怎麼寫？你的人生劇本掌握在自己手裡，何必要為了襯托別人而寫出了不同的劇本，讓你這位主角在演出這部戲的時候，感覺到沮喪或力不從心，或者是被他人主導之後，感受到落寞。

你是主角，你也是最佳編劇，就由你自己來掌控人生。

人生選擇權

我們常常想要控制別人的人生，卻不願意對自己的人生做出一個好的選擇。面對人生的選擇，我們各種面向都可以選擇，只要你想過的、決定好了，失敗成功、得失之間都思量過了，其實自己的選擇，別人都無法介入，也無法控制。

但有些人就是喜歡把自己人生的價值觀，灌注在別人身上，然後想要教別人如何做，如何過生活？

難道人生都是要如此嚴謹過生活？不能好好放鬆嗎？

難道選擇好好放鬆過生活就是一種消極或放棄嗎？

你一定聽過這樣的話：怎麼不好好存錢買房子？怎麼不好好投資賺錢？怎麼不找一個好一點的工作？怎麼不找好一點的對象？怎麼不搬到市區住？你這樣來回的車錢都可以付貸款了！

當你聽到這些話的時候，是不是很想反駁？

你怎麼知道上面這些問題我沒有好好的想過？

你怎麼知道我不想存錢買房子的？

你怎麼知道我沒有想要搬到市中心去住？

你心裡可能更想回答：以上這些我都想過了，只是我做不到！

人生不能有做不到的事情嗎？

很多事情，在別人眼中看來好像很容易，因為那對他們來說很容易，但對某些人來說，可能是個很大的決定，或是根本做不到的決定！

做不到別人的期待，是很正常的。

老實說，不是每個人出生都是含金湯匙出生的。

有人過得很輕鬆，有人過得很辛苦，也有人是經歷了辛苦階段之後，得到現在自在的生活，都是發展的過程。

不可否認，這個世界上有的人真的很努力，就算再努力，他也一直都是辛苦著的，好不容易可以輕鬆一點的時候，可能又遇上了另一個挫折，人生可能一直在辛苦當中度過。

每個人的人生際遇真的不同，但不要教別人怎麼過人生，不要告訴別人怎麼做選擇！

放下控制權，選擇放輕鬆好嗎？

曾經聽過有人對於「月光族」發表了不同的意見和看法，用非常嚴格的說法教訓他們：「每個月都把賺來的薪水花光，真不知道這些人以後怎麼過日子？以後怎麼辦？都不會為自己未來的人生著想，把錢花光真讓人感覺到恐怖，人生應該很沒有目標……」

諸如此類的話，你一定聽過！

每個月把賺來的錢花光？

很多人都這樣，也許是不得已的，因為現在生活真的很辛苦，物價水準高，通貨膨脹，每個人要維持生活基本開銷，都很辛苦著，就算他是故意把錢花光，當個月光族，有什麼關係？

他每個月賺多少錢，花多少錢，沒有不良嗜好，也不偷也不搶，只是把自己賺來的錢花光，到底為什麼不行？

可能是你為對方著想，擔心他的未來經濟，出發點是好的，但是這樣的說法會不會讓對方產生很大的壓力？

或者有貶低對方價值觀的看法？

為什麼不能做「月光族」？

誰告訴我們這是不好的價值觀？誰告訴我們這樣想就是不對的？

為何選擇這樣的方式生存，別人要干涉？

每個人的人生都有自己的選擇權，也都不需要別人來告訴你，這是好或不好？

不管如何這都是自己的生活方式，好與不好，冷暖自知。

你的人生選擇權，是對自己交代，不是做給別人看的。

選擇關係，而不是選擇壓力

說到感情，我們都希望好好維持一段關係時，是沒有壓力的。喜歡跟開心的人在一起，在一起如果感覺不到幸福，禁錮在不舒服的關係中，長久下來會讓人窒息，也就不會想要繼續。

選擇一段關係，是為了想要跟對方在一起，分享生活，分享喜怒哀樂，分享一切。願意在一起，是因為有了相愛的感受，被關心、被尊重、被愛，在對方身上得到了支持，相對的也減輕了生活中的壓力。

有人可以談心，分享意見，讓兩個人有共同成長的目標，而讓我們更有意義的生活著。

在一段關係裡，我們必須選擇和善的一段關係，而非選擇壓力。

相處一定不能有壓力，可以讓對方自由自在地表達自我。受到限制，受到控制，都會讓人感到不開心，不開心就無法繼續在一起。

有很多情侶、夫妻，在一起久了之後，開始產生嫌棄對方的想法，當對方發表意見時，你已經不再是用崇拜的眼神看著對方，而是懷疑、鄙視對方。

覺得對方不如你，覺得對方現在做什麼都得不到你的關注，甚至覺得對方做什麼都礙眼，這極可能是關係出現裂痕的開始。

面對另一半開始有了嫌棄的心，我們也該思考這樣一段關係的存在意義。

對於感情，我們選擇的是關係，不是壓力。

如果跟對方在一起時，開始有了壓力，一定要兩個人好好溝通，找出壓力的來源，找出兩人不開心的原因在哪裡？

願意找出問題，改變它，兩個人才能長久在一起。

選擇努力，可以讓你所謂的問題得到解決。

選擇面對，可以看見問題的癥結點，看見了問題，願意一起努力想辦法面對與解決，就能夠讓彼此，在願意努力的心情下，看見改變，也看見兩個人的未來。

跟你不同，也不影響你愛他

「跟你不同，也不影響你愛他」，這一句話很富有思考的意義存在。我們每一個人都是獨立的個體，很難去控制別人，或者是把對方塑造成你想要的樣子。

基本上我們都不太可能完全掌控他人，跟改變他人的。

世界上，沒有人跟我們是完全一模一樣的。

如果我們想要打造一個完全跟我們一樣的人，就算是外表相同的，他內心的世界，思考的模式，也會是不一樣的。

那麼如果我們可以清楚的認知到，這世界上本來就難以找到一個跟我們一模一樣的人，有著同樣的思考，有著同樣的生活方式、思考模式、行為模式，都很難找到一個一模一樣的人存在時，我們為什麼還要試圖去改變他人？

跟我們在生活當中相處的人，我們卻常常希望對方照著我們所謂的模式去做，符合我們的期待去做事情，就能夠比較容易得到我們的掌聲，得到掌控之後，也會讓你產生安全感。

我們要逐漸敞開心胸，努力去建立新的學習與認知。

「跟你不同，也不影響你愛他」，這句話真的非常值得我們細細的去思量，仔細的去思考。

就算是我們深愛的人，他的想法也未必跟我們一樣，跟我們不同，跟你不同，也不會影響到你愛他。

他有跟你不同的思想，他擁有著與你不同的思想、思考、行為模式，他有他的想法，都是獨立的，你應該要高興，對方有自己的個性，有自己的想法，他值得你去欣賞，值得你愛。你不會因為對方與你的選擇不同，而選擇不愛他了。

「跟你不同，也不影響你愛他」，讓你愛的人，與你不同也沒關係，你還是愛他，那才是真正的支持與愛。

別害怕失去，而緊抓不放一段愛

在愛情當中，我們有時候常常會不自主的，因為害怕失去，而做出了一些威脅的動作。

例如：在緊急的情況下，你打電話找對方，對方手機可能未接收訊息，訊息未讀或是未開機或是收訊不良，沒有接到電話等等，等到事後你找到對方時，在接起電話的那一刻，你不是擔憂對方會不會發生什麼事情，而是一股惱兒的詢問對方：發生了什麼事情？為什麼沒接電話？

沒有擔憂對方的對話，而是一陣罵。

你有遇過這樣的事情嗎？

當然可能對方解釋了未接電話的原因，但可能未被接受。

有的人會更加生氣的對對方說：「原來我已經不需要你了，在我最緊急的情況下，你沒接我的電話，好像我沒有你，我也可以過得很好。我想我不需要你了！」

因為沒接到電話，結果引發了一連串的爭吵。

等待著對方急切的道歉之後，你又急切地說明著：「我不能沒有你！」這樣的狀態，讓很多的人心靈感覺到滿足。

覺得對方就是因為害怕失去你，所以才有這些瘋狂的舉動。

但這樣的相處方式，會不會有一天，當你一直不斷地用這樣的方式，勒索別人的時候，有一天對方受不了了？

現在雖然他願意遷就你，然後包容你的變化多端，但有一天磨光了他的耐心之後，他覺得無法再忍受你這樣動不動就說不需要他，或者說他的存在根本沒有意義，否決掉了他的努力之後，可能就會讓他漸漸的在兩個人的情感中，找不到定位，也開始學會放棄了。

我們都曾經為愛奮不顧身，我們都曾經害怕孤獨寂寞，而緊抓著另一個人不放。

願意討好、願意妥協、願意配合對方，只希望對方在愛的關係當中，能夠敞開雙手擁抱著我們。

也許有時候產生孤寂，害怕對方不在身邊，但我們也寧願忍受這樣的孤寂與恐懼，還是希望有個人能夠有所陪伴。

但到了人生第二階段之後，我們就要開始檢視這樣的關係，是否還存在著甜蜜？

如果懇切的渴望需要對方的陪伴，而對方做不到的時候，這個覺知已經可以納入你的心靈思考當中。

你知道對方無法接電話，你知道找不到對方，但你知道對方是切切實實地在你心裡，讓你的心靈上有個依靠。

你不必害怕找不到他，也不必用恐嚇的言語，來告訴他：「我不需要你了，我一個人也很好！」你不需要再這樣說了。

這就代表了情感當中的部分，已經昇華到：他在你心中，不管發生什麼事情，你依然珍惜他，而你不會用言語刺激的方式去否定對方在你生命當中存在的價值。

我們都曾經年少輕狂，我們都知道初次談戀愛時，所遭遇的一切，可能會成為未來談戀愛或婚姻相處時的模式，第一段感情對於人學習愛的本能，影響是如此的大。

你的疑心病或者你對於愛沒有安全感，都可能會造就後面情感當中，所產生對應的狀況。

但我們也都必須要了解到，對象真的不同，時空背景也不一樣了，而你也做了改變跟成長了，就不可能是一成不變、跟過去一樣的發展過程。

你必須要肯定自己已經蛻變成長了，也必須要肯定現在你所愛的這個人，他不是過去負了心、拋棄了你的那個前任伴侶。

他現在是真真實實在你身邊呵護著你，擁抱著你，願意給你更多溫暖的另一半，不管是否可以長時間的暢談心靈話題的伴侶，但卻是真真實實可以陪你一起吃飯、看電視，說說笑笑，偶爾一起去做瘋狂的事情，也不會嫌棄你太胖吃太多，還能夠帶著溫柔口氣與崇拜的眼神看著你，不管你有任何的變化，他永遠是如此欣賞現在的你。

人們要的情感支持不多，僅僅如此平凡，也能夠是滿滿的愛。

別緊抓著不愛你的人不放，別害怕失去一段愛，學習著思考愛的本質，學習在愛中得到尊重，對方才能好好愛你，你也才能在愛中，慢慢修復自己，慢慢找回值得被愛的自己。

別害怕失去，而緊抓不放一段愛。

原來人性是這麼一回事

當你看完這本書的時候，我希望你能夠了解到的是，人性原來是這麼一回事，其實就不要再有太多的糾結，去探討為什麼他要這樣對待我？

為什麼他對我有這樣的想法？

為什麼我無法改變他？

為什麼我做了這麼多的努力卻無法改變他人？或者是改變這個世界？

也許你做了非常多的努力，也試著配合他人去做一些調整，然後不斷地委屈，以及妥協，到最後的結果，卻不如你意，也跟你所想的背道而馳。

你會懷疑自己的付出好像付諸流水，一點用處都沒有。

你會開始懷疑改變的力量，你會開始懷疑自己努力，真的有用嗎？

甚至於開始懷疑著「念轉」，是不是只是安慰自己的一種方式？它並不能夠改變你，也不能改變事情的發展？

其實我們要認知到的是，我們本來就無法改變他人，以及改變這個社會。我們要做的是轉念，其實是為了要讓自己保持一個身心靈正向的狀態以及願意改變自己、轉變自己命運的念頭。

轉念是為了讓自己去接受許多不可能，以及無常的發展，讓自己的心存在著一個改變的機會，從你的內心開始做功課。

念轉是為了自己，是為了讓自己往更好的境地發展，讓自己存在著更美好的希望，努力去尋找答案。

人性本來就是一門很難領悟的課程，你無法時時刻刻地，找到人生的標準答案，你必須從人為不可控制的因素當中，去體會人生，以及去感受、覺知、覺察、人性的不同。

人性就是這麼一回事，難以察覺、難以控制、無法捉摸，就因為如此，所以，如果你想要看透人性這件事情，是一門非常困難的事情。

因為人的心念，是不斷地在起變化，以及不斷地面對挫折、困境，會因生長背景，社會環境變遷，而隨著改變的，人生體悟會告訴你原來人性是這麼一回事，是要告訴你放下這些糾結吧！

你改變不了他人的，先從改變自己開始吧！

想要確定他人的想法，以及想要捉摸別人的行為或思考，都是一門非常困難的功課。

人性原來是這麼一回事，是告訴你無法預測，就像人與人之間的因緣，緣起緣滅，無法預知，無法追究一樣。

我們必須要說，人生有很多事情，不需要看得太過清楚，看得太過清楚，看透了，你依然無法改變。

這些不是為了讓你感到沮喪，而是讓你去見識到，了解到人生看清看透了之後，你體察到的無能為力，以及體會到要不要改變的想法？能不能夠有所領悟？都是個人人生的功課。

自己想要改變的同時，這份改變才能產生作用，但是當一個人裝睡的時候，其實是最難叫醒的。

那麼當一個人不願意改變的時候，你花再多的力氣，也不可能看見改變的成果。

有些事情也許看得不夠清楚，不要感受太多，不要看得太過透澈，是不是就會讓人更有所領悟？

起霧的人生，可以讓你有所啟發領悟，看不清楚，但卻可以讓你領悟人生。

你不用當最棒的人，滿足所有人

我們生命中，都會有一些不足，有些缺口，這些缺口可能是遺憾，可能是來不及修復的傷口。

當你在可以表現的時候，你就會想要去表現出修復的力量，以及補足自己那個遺憾缺口。

例如在工作上成就表現不如預期時，當別人說話傷害你時，你會想要從別的方向表現出自己也很好，得到別人的讚賞。

每個人都有自己成長的傷，可能被否定，可能仕途沒有他人那麼順遂，無法得到較大的成就，這時你不必看輕自己。

你一定要告訴自己：你沒那麼糟糕，只是剛好糟糕的事情發生在你的生活中，不代表你不好，不該否定否決了你的努力。

你不用當最棒的人來滿足所有人，只需要盡力做好你自己。

你不必做到人見人愛，也不必裝作博愛，愛世上所有人。

你可以不接受別人的意見，也可以盡情表達自己的想法，沒有人可以阻止你做你自己。

不要忘了，對你好的人，可能也同時在背後嘲笑你，我們身邊多多少少會出現雙面人，表面對你好，私下傷害你，你無法阻止別人成為雙面人，但你可以決定與選擇，自己要不要成為一個假面雙面的人？

成為什麼樣的人，你有絕對的自主權。

你不需要滿足所有人的期待，因為期待中，總是伴隨著許多的要求和控制，想要滿足他人，不如先認識了解自己，什麼是你真正想要做的選擇？

你的選擇有自己的指標，不想要再委曲求全過人生，就要學習了解自己的選擇，表達自己的想法，不再依賴他人的想法或決定過日子。

正確的人生態度

什麼是人生的正確生活態度？

很多時候我們會產生很多的抱怨，都是來自於我們生活態度不對，必須要堅持好的生活態度，才能夠贏得改變自己人生的機會。

而什麼是正確的人生態度？誰又可以知道正確的人生態度是什麼？

我想先跟大家談談因果這兩個字。

我們都知道「因果」這兩個字，知道很多事情發生的原因和結果，其實都是緊密相連著的。

也就是說，世界上所發生的一切事情，都是有其原因發生的，而發生的過程，如果你只是認為自己不夠幸運或者是充滿抱怨，那麼這些發生的過程跟經歷，就不能夠成為你人生當中重要的養分。

如果你知道發生的事件必有其因果，你為了要產生某一個結果，所以你會在發生這件事情的前因之下，知道該如何去面對它，會去努力創造好的結果。

知道了因，想要努力得到好結果，這就是好的人生態度。

有了因果的基本瞭解，你在做每一件事情的時候，知道有因有果，你就不會太隨便的去決定某些事情，也不會隨便看待別人的事情，你會知道自己現在做的某個決定，可能就會成就了某個結果，因為你知道，做每一件事情都要小心謹慎，都要仔細細心。

自然而然，你的努力會產生不同的結果。

如果你選擇自我放棄了，或者是決定消極抵抗，那麼所產生的結果，一定跟你積極面對是不同的。

想要有正確的人生態度，先從自己做一件事情開始。

先想因果，接著努力，用自己的智慧與理解，讓事情朝向更好的方向發展。

有了這樣的人生態度，很多事情就會有好的發展與結果。

幸福取決於心態

人生感覺到幸福或不幸福，有時候取決於自己的心態。

人生的命運，其實不是早就註定好的，是必須要靠自己的努力，還有自己堅強的意志，才能夠決定你未來的人生是好還是不好。

你的想法、觀念、態度，才是決定人生好壞的關鍵。

如果你認為自己有堅定的意志，一定可以改變命運，那麼你就有絕對的正能量，可以去改變你的命運，創造你的新人生。

不管你現在所經歷的，是好還是不好？不管你現在所處的處境，是幸福還是不幸福？都應該努力學習改變。

讓自己擁有美好未來的想法以及信念，因為這些都是學習的過程、修煉的過程，也是營造你慢慢走向幸福，最重要的關鍵。

如果你在受到困難、挫折時就放棄了這樣的信念，那麼你如何能夠達到你的目標，以及幸福的境界？

所以，我們要如何將命運轉化成為使命，以及你的想法，或者是你的目標，如何改變你的命運，都是非常重要的。

所謂事在人為，你的想法、你的命運，就靠你的念頭與態度來做改變。

一個人的幸運、幸福與不幸福，全憑自己的心態來做決定。

一個人的態度能夠有所轉變，一個人生活的態度，能夠有所堅持，就一定能夠改變自己的人生。

幸福取決於心態，幸福來自於你的努力，你願意為自己改變一些，就能夠創造更多的不同，更美好的結果。

無解人生更需要努力

我們常說人生是苦樂參半的。

但是痛苦跟快樂的比例，永遠都是痛苦多於美好的，快樂可能是一瞬間的，但是痛苦有的時候卻是可以讓人記憶長久，感受到較長的痛苦，所以快樂是瞬間的感受，痛苦卻會是比較長遠跟比較久的煎熬。

我們一直不斷地希望心靈有所成長，就是希望我們可以擺脫這樣的痛苦，從苦當中尋求解脫，找到消除煩惱痛苦的方法，於是努力學會放下，希望可以讓快樂的人生延長，相對的苦痛減少。

面對無常人生，有時我們無法掌控人生即將面對的困境，但我們可以努力改變命運，也許無法做到百分之一百的改變，但至少擁有我們願意努力的鬥志。

人生面對未來，常常得到無解的答案，無解不是為了打擊你，而是要讓你用自己努力，去證明更好的價值存在，尋找更好的答案。

無解的人生更需要努力，就算知道答案不如預期，也要拼了命的守護自己的人生。

失敗中學習，得到成功的機會

從失敗失誤當中去學習，也從失去當中，更努力學習珍惜與擁有。

遇到困境時，要懂得振作起來。

經歷失敗，懂得失去，才能夠重新找到新的機會。

無論多麼厲害的人，都會遇上困難困境，而解決了一個，一定還會有下一個。

困境之後帶來順境，順境之後，一定還會有另外一個困境出現。

無數的困境、挫折，都是在人生的另一端等著我們。

沒有人一生是平順的，我們都是在大大小小的挫折當中，累積經驗，然後強化我們自己的信念，讓我們開啟更多的智慧，去幫助我們未來的人生。

你看見別人光采絢爛成功的背後，那些造就非凡成就的過程，都可能是我們無法想像的努力與付出。

我們無法想像這個人，曾經經歷過了什麼樣的苦難，而有了現在的成就。所以不要總是看見別人的好，而忘卻了別人在成功背後，其實有一段長時間不斷辛苦的付出。

不要用負面與嘲諷的語氣去批評那些成功的人，因為他們所付出的努力，可能是你現在所看到的更多倍。

每個人都有失敗的經驗，有些人失敗之後便放棄，有些人失敗之後，願意去找出原因，以及願意嘗試更多的方法，給自己再次創造成功的機會。

不放棄，不是要你一直朝著同一目標前進，而是你懂得自己的方向，了解自己的方向在哪裡？

也許需要改變的是方法，需要堅持來當作敲打幸福的機會，這些都是在失敗中慢慢看見的，沒有失敗，就看不見努力的空間。

沒有失敗，無法看見自己的能耐。

有了失敗，才有繼續堅持的契機，有了失敗，才能有成功的到來。

不害怕失去，能夠改變最強大

不要害怕失去，能夠改變的人，最強大。
不怕改變，才擁有強大的力量去面對未知。
強大的人可以為自己的選擇，改變人生的做法。
你可以選擇快樂，你也可以選擇減少痛苦。
你也可以選擇不必在意他人的眼光。
人生中，自己的選擇才是最重要的，能夠影響自己的人生，永遠是自己的態度跟自己的做法。
所以，不要再說別人影響你了，沒有人可以影響到你，而是你自己願意有所改變時，這些改變才能影響結果，才會發生作用。
沒有人可以改變你的決定，不要將責任推卸給他人，別人給你的意見，永遠只是參考，真正能夠做決定與選擇的，永遠只有你自己。

感恩你現在所擁有的一切，讓良善在心中長久存在，意識你現在所散發出來的，都是良善的，那麼就會有更多美好的能量，存在你的人生中。

你所想的都是以善為出發點，就可以吸引更多更好的能量。

人懂得感恩就是好事，好能量，互相激盪，能夠吸引更多的美好聚集。

心中感恩時，常常圍繞在身邊的，也都是相同磁場與能量的人，更多貴人會出現，更多好運會接續著來。

我們常常會在事情遇到困難挫折的時候，當作是一種失敗。

但如果我們把這些成敗，當作是人生重要的禮物，這份失敗就可以造就更多未來的美好。

而失敗不是不好的，而是多了一次成功的機會。

失敗的同時，也創造了更多改變的可能。

持心念

順願

順願這兩個字，是順其自然的順，發願的願。

順願表面上看起來好像是順從了一個人的祈願、順從了一個人的希望。

人生每一個階段，都有階段性的任務，也就是說每一個時期，我們都在經歷不一樣的人生課題。

出生至上學，希望可以平安健康長大，學生時期為了求學求知，祈求學業進步；接著期望擁有愛情、友情，開始有著不同時期的願望，人生目標根據每個階段，皆有不同的祈願。

這就是順願。

順著每一個時期的自己，許下不同的願，發下不同的大願，順應著你的心，順應著你的願。

這些願，有著生命力的力量，有著承擔的願，有著發心期望的成就。

思考著人生順願，順其自己本心之願，發願承擔，無有懼怕，人生可以學習順願，你會發現世界上所有遇到的難關，其實都是一個正常的發展。

順願存在，接續承擔，願心成長。

順願讓你有所經歷，心中承擔，期望越深，力量越強大，困境讓你自己變得更有價值，挫折讓你變得不同。

你有過祈求願望時，有著悲苦、傷心、急切、無奈、悲妄的時刻嗎？多麼希望在當時，能有人幫助你，能有菩薩聽見你的祈願。

沒有人助時，特別期望菩薩能聽見，縱使出現貴人相助，菩薩顯靈，也希望人生不要是絕望的，是有奇蹟的。

順願就是人生的大願，每一個時期的大願，都有著強烈生命力的力量，努力的活著，勇敢的活著。

「順願」是這樣特別的、很有力量的兩個字。

人生方向隨時在改變，隨時在領悟與學習中，感受生活中的波動變化，承擔學習著，努力瞭解跟參透，對自己的生活一定會有許多的截然不同的領悟。

順願於每個人生階段，順其自然去接受和適應當時的祈願願望，在每個階段，這些願都為你產生力量，檢視自我的目標，啟動當下的需要跟慾望。

這些需求與慾望都是必須的，唯有順著這些願，才能看見自己的本心，不是隔離世間，而是入世的學習，能夠適時適切的找出人生階段的目標與慾望，才能積極地展現自我。

入世會有困境，會有困難，會看見人生無常，也會發覺人間情。

在這些人生過程當中，找到一個順時當願，順時目標，發當下的願，盡當下的努力。

遇見一個挫折，然後努力的去克服這些困境，順著願，發著心，展現生命力，接受你的人生，接受困境與順境。

學習接受理解與不能理解的人事物，學習順願之後，不跟自己的人生做太多的抗爭，不與他人爭鬥批評，只希望我們能夠回歸到心靈成長，順心發願，做自己該做的事。

放下那些批評跟負面的情緒，能夠順著我們的心，發了心願，發揮了自己的願力，運用了自己的祈願力，去做更多有利於他人以及社會的事情。

發願就是如此，從為自己開始，未來為了利他人。

我們常常都說，人生經歷了很多的風浪、挫折，對於眼前的小事，開始覺得不足為意，不需要在乎，是因為人生的格局放大了，有很多事情，你覺得不需要太過大驚小怪，有很多事情見怪不怪了，你也覺得能夠泰然處之，因為生命當中有更多值得珍惜的，而不需要再懊悔過去或留戀過去。

人生不需要計較太多，計較算計都只是浪費生命而已，好好珍惜當下，才能展現生命力，發揮智慧力。

擁有放下的勇氣

人生經歷了很多的蛻變，開始變得成熟穩重，過去年少輕狂，有衝動，在歷經年紀及歲月的淬鍊之後，人會開始學習接受，以及享受這個年紀所有人生當中的變化，你會發現到了人生第二個階段的時候，你懂得去真正享受自己的人生。

所謂的享受人生，包含了生活當中的挫折，包含被拒絕的尷尬，以及不同人生體悟的領悟，還有接受別人不同意見的抗拒，不再逞強的過日子，而是能夠找到適合自己的方法，讓自己在不逞強的狀態下，還能夠繼續成長跟前進。

進入了人生第二階段之後，我們開始意識到人生的日子，已經過去了一大半，開始要去思考現實生活當中的想法跟認知，是否需要做一些改變？

我們在生命學習當中，是時時刻刻接受生活的變化，接受人生不同階段的燦爛與考驗。在年輕時，嘗試了很多不同的工作、生活環境中的不同，到了現在第二階段時，比較能夠接受心理的恐懼，害怕的事物，以及失敗的挫折。

到了人生第二階段，步調不僅放慢了，也更能夠細細品味當中的人生。過去年輕時，我們逞強、做事急躁，想要豐富自己的人生，如今可能緩慢下來了，反而有另外一種感受。

可以更專心的陪伴家人，更專注的在自己心靈上的提升，看見別人開心，自己就算沒有參與，也能夠樂在其中。

對於沒有接觸的事物，不再徬徨焦慮，而是能夠學習吸收，用更理智成熟的方式，去對應與接受。

隨著年紀漸長，習慣一個人嘗試，面對寂寞，學習獨處，很多事情變得沒有那麼的恐懼了，而是能夠更享受接下來的人生，不會有太多的擔憂去思考人生還要怎麼樣才能活得精彩，開始學會了順願，順求自己的人生。

現在最重要的學習，是活在當下，能夠努力在當下感受到幸福，能夠在當下做出最適合自己的選擇，那麼對於幸福，我們就能夠越來越接近了。

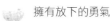

人生當中，也許過去有很多的遺憾，很多未完成的夢想，很多來不及實現的承諾，很多因為做錯決定而有的缺失，這些我們都需要放下。

放下這些包袱，學習原諒自己，學習跟放蕩不羈、年少輕狂的自己和解。

有些事情的確不能再承受了，說明進入第二階段的自己，有些事情不再願意逞強。

面對過去的放不下，忽然間有了改變的念頭，知道要跟自己和解，未來我們的人生路，才會走得更加平順。

而這條平順的人生路，該怎麼選擇？就在我們當下真實的生活當中。

先真心真意地善待自己，努力創造自己對自我的認同跟價值。

當有一天即使我們不在的時候，也能夠呈現出美好的記憶在別人的心中。

而我們懂得生活，以及創造享受生活的樂趣，自己創造自己生命的價值，珍惜現在，體認當下，活在當下，才是真正最棒的人生。

放下需要勇氣，才可以放下過去，擁有放下的勇氣，需要你現在就給自己勇氣。

自在關係，才有幸福

有時候，我們會一直不斷地在生命當中產生焦慮或是情緒起伏的狀態。

可能有時候，在等待別人幫你做決定，因為不太確定自己是不是真的想要？還是這個「想要」其實在做決定的時候，參雜了很多其他的因素在裡面，包含別人的期待、別人的期許、別人的眼光。

害怕做出決定而遭受到質疑，這些都可能是你做決定的時候，所參考的依據和選擇。

如果可以學習著為自己做決定，不再因為別人的選擇而搖擺，不再因為別人的看法或期待，而犧牲自己真正想要的選擇，或者妥協了別人所要求的事情。越能夠了解自我，越能夠知道什麼是最適合自己的。

不要再期待別人幫你做選擇，能夠為自己做選擇，你的人生就不會再困惑，便能夠找尋到自己在生活生命中的價值。

最重要的就是自我核心的價值，你怎麼看待你自己？

你如何重視自己的想法，學習表達自己的意見？而不是漫無目的的尋找人生目標。你只要知道所謂幸福的定義，是你可以自在快樂的做自己。

當你跟一群人在一起的時候，你可以任意地發表自己的想法跟意見，因為你知道這一群朋友，他們能夠接受你不同的看法，他們可以給予你意見，你可以選擇接受或不接受、同意或不同意對方，也依然會尊重你的選擇。

這樣友善的環境關係當中，會讓人自在，關係才能延續。

所以我們常說，在一段舒服的關係下，關係就能夠長久，而在備受控制或者是脅迫的情況下，感情通常都是會出現很多的掙扎煎熬以及反制，你會想要活出自己的樣子，不想受到控制。

漸漸的，委屈久了、妥協久了之後，你就會開始反抗。

如何讓自己的生活更加自在？

除了多認識自己之外，也要開始累積讓自己擁有幸福的能力。

而這一切能力的累積，都是從你現在要學習習慣幸福、感受幸福，以及知道如何讓自己幸福，從這樣的覺察覺知開始，你才能夠真正為自己規劃未來幸福的人生。

霸凌

社會新聞時時可見霸凌相關的新聞話題。關於冷暴力或霸凌，在職場、社會當中、學校、生活當中，其實我們都會看見這樣的人。

你問為什麼他們要這麼做？為什麼要欺負別人？其實沒有為什麼，就是人的心態，覺得想欺負別人。

你可能會說：「怎麼會有這麼壞的人，會霸凌別人的人？」霸凌現象無法回答他為什麼要變壞人來欺負人？因為這些會欺負別人的人，他不覺得自己壞。

這些加害者，可能有一些目的是自己想要得到的，所以必須透由這樣子的霸凌對待，引起別人對他尊重與恐懼。

不管是暴力也好，冷暴力也好，或者是心靈上的折磨也好，他就是為了要達到某些目的。

例如說：工作中的加害者，讓你工作難做、工作很痛苦、讓你上班很辛苦、讓你生活過得不開心、不快樂，這些霸凌他人的做法，讓旁人看得都很難過，但卻又害怕阻止，因為擔心成為下一個受害者。

其實也擔心衍生出更大的問題，是旁邊冷靜的人、不說話的人，是不是也會變成一種助長暴力的可能性？

比如說：你看到別人都在欺負某一個人的時候，到底站出來說？或不站出來說？哪一個比較好？

我覺得每一個人有不同的解讀跟不同的做法。

這個答案，也需要看每一個人的個性，真的沒有辦法去說誰對誰錯，或者是說你不站出來，你就是默認或認同這樣的暴力存在。

我覺得有很多因素必須要考慮到的。

例如說：如果你是一個心理比較脆弱與膽小的人，或者你是一個比較柔弱的人，你怎麼站出來保護別人？

你就連自己可能都很害怕，怎麼站出來替他人說話？這時候你是不是保護自己比較重要？看見這樣的狀況，自己都嚇得半死了，怎麼可能站出來去保護別人？

因為你知道，可能你站出來，下一個受害者就是你。

那我們怎麼鼓勵一個這麼瘦弱的人，要去做這件事情？其實是沒辦法的，真的不要去怪別人說：「你怎麼都不站出來？你就是漠視暴力，你就是認同他。」不是這樣子的。

很多事情，人生當中沒有一定的答案，要看自己自身的抗壓性。

假設今天遇到了一個真的是非常勇敢的人，敢跟這些暴力對抗，敢站出來說話的，當然很好，他願意這麼做，當然覺得很好。

但是在做之前，心裡要更加堅定，認為這不對就是不對，心理機制要夠堅強。

我相信這世界上有這樣子的人，他很有使命感，他很想幫助別人，我們很慶幸可以遇到這樣的人。

但我也必須說，如果沒有強大的能力，可以去保護別人的時候，請先試著保護自己。

不製造新問題的方向，不讓加害者接下來對你行使暴力，或者是找到一個新的目標，其實也是好的。

你先保護好你自己，讓真正有能力的人去解決這個問題。

我相信所有的事情，都可以有一個方向，或是有一個好的發展。

例如說：你要找什麼樣的人，或是想什麼樣的方法，去把這件事情說出來，是很重要的。

加害者他們跟一般的人不同，他們不是一般人。

會用暴力加諸別人身上，或者一直不斷地在網路使用這些暴力的人，他們真的跟一般人不一樣。

可能，你會說他們沒有慈悲心或是沒有憐憫之心，但我覺得他們跟一般人不同，這些慣用暴力加害他人的人，讓人一點都不想接觸，我不會跟這種人做朋友，我自己是這樣告訴自己的。

當我發現有些人講話很苛責，或者是對待別人很不友善，甚至於看到有人在霸凌誰的時候，我雖然會站出來講話，但我同時也會做決定，我不跟這種人交朋友。

例如：我看到他們在網路上寫了什麼，一直在霸凌某一個人的時候，我基本上不會跟這些人交朋友。

因為我知道他們嘴巴惡毒，心可能也不是太善良。

我們人生總是有一些選擇，可以不要跟這樣的人在一起，或者是不要跟這樣的人交朋友。想辦法不要讓你自己有可能成為這樣的人，這是非常重要的。

最近很多人都會私訊跟我講說：「他們覺得人善被人欺，覺得很可憐，人只要善良好像就注定要被人家欺負一樣。」

但我不是很認同這句話，因為我覺得人善被人欺，是因為自己善良被人欺負，善良是一種選擇，不是嗎？

不是因為你選擇善良，所以你被人家欺負。

善良是一種堅持。

我不想要因為會被欺負，變成跟那些邪惡的人一樣。

善良不只是一種選擇，還是一個堅持。

我不要跟那些會欺負別人的人一樣壞，我覺得這是一種堅持跟一種選擇。

你可能會遇到很多的挫折，你可能遇到很多的困難，但是你沒有選擇變成跟他們一樣惡，沒有變成跟他們一樣壞，或者是跟他們用同樣的方式去對待別人，這就是一種選擇跟一種堅持。

善良非常不得了。

因為不是每個人都善良。

但你願意變成一個善良的人，你一定會有所得失，這是一種堅持。

不管再怎麼惡，或者遇到再怎麼樣壞的人，都不會想要變得跟他一樣壞，以暴制暴，以惡制惡。

你看見這麼壞的人，跟這樣一直不斷地在傷害別人的人，你會有一個決定，下定決心，就是：「我千萬不要跟他一樣。」他會讓你有所覺知。

這世界上有善良的存在，必定有邪惡的存在，這是無可厚非的，也因為有邪惡的存在，更顯得出善良的高貴跟珍貴。

有的人，一旦被欺負，到後來，真的很辛苦，選擇結束自己的生命，或者是選擇了逃避，沮喪的過生活。這些選擇，是加害者不曾體會的，也從來沒想過自己的作為，會造成別人一輩子的傷痛。

光用鍵盤或是語言、冷暴力就可以傷害一個人，這是多麼可怕的一件事情，甚至於會讓一個人失去性命，這是多麼可怕的一件事情。

當人有想到：「萬一我受不了了，被暴力對待，被人家欺負，想要用死亡或自殺來證明，告訴別人『我不是這樣的人』」，讓他走到了這一步去做這樣的事情，那是對人生有多絕望，才會這麼做？

但沒有辦法去規範那些內心太過邪惡的人，叫他們不要去做這樣的事情。

因為他們可能心裡面充斥著很多的嫉妒、不平跟憤恨，你要叫他在短期之內把這些憤恨、嫉妒的心，煙消雲散是不太可能的，我們都無法改變別人，何況是這樣的狀況。

那怎麼辦？只能想辦法，儘可能的讓自己更加堅強，知道自己內心該堅守的方向。

例如說：我就算遇到再壞的人，我都不會想變得跟他一樣壞，我遇到再不好的事情，我都不會想到結束我自己的生命，我必須很勇敢的為自己的人生負責任。

當然，我相信絕望的人，真的沒有辦法想這麼多，因為他們就真的身處在非常絕望的痛苦當中。

我自己經歷過這種網路的霸凌，我很能感同身受。

曾經也想過，不需要去拿自己的生命開玩笑，來證明自己的價值，因為你存在著就是一個最好的證明。

好好的活著，才能證明什麼。

當你有一天走了的時候，什麼都沒有辦法證明，當你走了的時候，他們更可以任意地說你什麼！好好的活著，才是最重要的。

很多霸凌的狀況，真的很難去講誰對誰錯。有的人，不覺得自己在霸凌別人。我真的覺得，什麼事情都跟菩薩告狀就好了，因為菩薩一定最瞭解真實的狀況是什麼，當你自己心裡面覺得很難過，或是很生氣、很憤怒的時候，就恭請菩薩讓菩薩知道。

我在網路上分享有人如何消除負面情緒的方法，有位愛班同學分享說：當他覺得有不開心的人、事、物時，他就會在心中哼著垃圾車的歌曲，讓垃圾車把這些負面的能量、這些負面的東西載走，然後他就快樂了。

這是非常有智慧的一段話。我們人生當中，有些東西是不應該存在的。我們的人生已經夠苦、夠煩惱、夠艱辛、夠難過了，每天都還要應付這些無奈的事情，真的會讓人覺得很無力。

生活當中，有許多人都可以當我們的心靈導師，擁有許多智慧分享，我們其實都一直不斷地向我們身邊的人學習。

去了解每一個緣分的重要性，跟每一個人存在的價值。

面對霸凌，我們可能有很多的無能為力，很多不能做的事情，或是面對生活有很多無法如願的期待。

也許我們無法去幫助這些弱勢的朋友，阻止霸凌的情況再次發生，但是少說一句，不要變成幫凶，真的非常重要。

假設你沒有辦法阻止這一切，至少不要成為加害者。

不然，我覺得讓一個人失去對生命的希望，斷了別人的希望，都是不好的事。

如果可以常常順願，給別人希望，給別人存在的意義，賦予他人生命的價值，這真的會是更有助力的。

我們和身邊的人，其實都互相互為導師。

很多人都是我們的生活導師，生活當中的態度，或者學習的過程，分享的字字句句，都是我們的老師，都是非常乘上願的老師，都是幫我們修習人生課題的老師。

從他們的文章或是他們的理念當中，找到一些我們可以繼續生活的動力跟方向，可以開啟智慧，都是很大的助力。

不要小看身邊的人，不同的人生觀，跟不同的學習過程，都是我們的導師。

活著、痛著，就是個成長的過程。願心學習，共同成長。

尊重每一個努力活著的生命

有次我去高雄，餐廳在便當上面放上了一株櫻花，我覺得它很美，我就把它從高雄帶回來。

當時，我跟餐廳要求，我說我想要把它帶回來。

餐廳說：櫻花只是道具，下一個人吃的餐，櫻花還是會放在便當上。

我問他說：我自己的這一個櫻花，我可以帶走嗎？

他就說幫我去問問主廚，後來主廚說，可以把那株櫻花送給我。

我很珍惜它，帶著它坐高鐵，樹枝下方幫它用了衛生紙沾溼，讓它不會缺少水分，又將它裝在不闔口的信封袋裡面，放進我的包包裡面，包包也不關起來，小心翼翼的把它帶回來。

連坐高鐵的時候，我都把它放在桌面上，讓它陪伴我坐高鐵，還可以賞花，欣賞它，讓它跟著我回來。

坐高鐵的時候，我都覺得賞心悅目，這櫻花的功勞實在大，讓我感覺非常喜悅。

後來我回到家的時候，非常的珍惜它，把它放在水裡，慢慢的，看著它的花凋謝了，花朵慢慢的枯萎了，去除了，剩下樹枝慢慢的長出了枝芽。

我把它放在一個很小的杯子裡面，養著它。

我小心翼翼的呵護著，當作一個學習的功課。

你有把生命當中很多事情，當那麼一回事的時候，很多事情就會呈現出專注的力量，它就會讓很多事情變得很美好。

就算之後這個小的櫻花枝芽，它沒有開花，也沒有結果。

我會覺得，整個陪伴它的過程，當中是喜悅的。

人生當中，很多事情不一定會有很美好的結果呈現，但是最重要的，其實是陪伴的過程。

從一朵櫻花上有這些領悟，我覺得自己必須要很認真的生活著，才能夠去感受生活當中周圍的一草一木。

它們所帶給你的，也是一種小小的領悟。

你也可以從它們身上得到一點寄託，找到一些你覺得很開心快樂的能量。

放空自在

面對未來的生活，不要花太多的時間去糾結，不要對於過去的問題糾結，難以釋懷。

過去的已經過去了，現在當下的，才是最重要的。

而面對當下的困境，或者當下需要抉擇的部分，心裡面思考過後，就不產生徬徨或猶豫，思考過後能夠立即做決定，也是展現自己獨立堅強的態度。

有時候，我們發現規劃太多，必須接受許多不能控制的變化，有的時候是為了要讓我們的潛能開發到最大，因為沒有退路，所以只能繼續往前走。因為不被重視，所以能夠在不被重視的情況下，真實的做自己。

以前可能太在乎別人的想法、評價而做選擇時，不斷地去討好，想證明自己是值得的，但花了很久的時間之後，發現一切未必能夠有所改變，也未必能夠得到你想要的答案。

我們都不需要在生活當中，放入太多的情緒恐懼或壓力，今天能夠完成的事情，就是一種責任跟使命，明天的事情，就在今天完成之後，再來決定。

人生最重要的是自己給自己安全感，不用依賴別人給你，而是你自己為自己決定。

下一秒鐘要做什麼樣的選擇？讓自己能夠自在、沉靜思考，也是生活中的哲學。

人生總在匆忙的時刻，必須要暫時按下暫停鍵，讓自己冷靜。有思考的時間，什麼事情都不做，這種無所事事的生活哲學，其實是需要訓練的。

有些人是停不下來，不讓自己有稍微喘息的時刻。

如果我們可以訓練自己偶爾也可以無所事事，不忙了，然後學會放空，你可以讓自己的心靈更加的平靜，能夠得到更多放鬆的機會。

毫無意義的放空，其實是最難的，當你在放空的時候，內心潛意識當中，很害怕浪費時間，很害怕自己是沒有價值的人。

事實上，如果可以放棄很多盲目忙碌的追求與目標的設定，讓自己表現出緩慢一些，自在一些，什麼事情都不做的人生，也是很棒的。

試著告訴自己已經很努力了。

那麼就讓自己也可以在什麼事情都不做的情況下生活著。

也許躺在沙發上，躺在床上，躺在草地上學習放空，並不代表一無是處，不代表你沒有能力，而是能夠單獨面對自我的思緒。

選擇讓自己遠離，暫停煩惱，專心發呆，別再掛心生活當中的大小事。

讓自己在放空的階段，什麼事情都不做，每天試著二十分鐘的放空，與空氣當中的寧靜相處，你會開始喜歡這個片刻的寧靜。

沒有任何地方想去，靜靜的呆坐在當下，最能夠釋放你的緊張，緩和你的情緒。

有時閉上眼睛，回憶今天所發生的所有事情，選擇一個喜歡的氣味，放著你所熟悉的音樂，能夠將心靈恢復到最平靜的狀態，讓自己沉浸在其中，最能夠讓你得到放鬆。

試著再觀想所有不好的能量、不好的東西都從你的四肢慢慢散發出去，你更會感覺到身心靈真正的放空。

之後所保留的，是最單純原始的。

試著模擬開始聽見自己內在的聲音，細細的觀察空間空氣的流動。

放下了防備，沒有攻擊的態度，而且能夠知道自己的能耐，學習拒絕過分的、不合理的要求，開始在意自己呼吸與空氣當中的連結，慢慢去思考，原來我的身心靈與靈魂都可以如此自在。

人生不管多成功，都跟幸福無關

幸福是你的體悟，想要的生活只有你自己能做決定。而領悟了惡，是人生當中第二個階段。

你想改變，是因為你想要變得更好。

如果跟之前一樣，就只是過著一樣的生活。但因為你想要有一些不同的生活方式，所以你會選擇想要改變，或者是過得更好，這個改變是非常重要的，你想改變，改變就會發生。

如何療癒靈性層面的自我？

我們必須先有一個思想、思考、想法與領悟。

你知道必須要有所蛻變，才能夠讓靈性有所提升。

你也藉由思考去了解到靈性是什麼？

是你的意識，自我覺察覺知靈魂的渴望，以及你在現在想要接觸心靈上的平靜，然後去了解到靈性渴望成長。

之後再慢慢地衍生出更多的智慧，讓你在行為當中得以控制，甚至可以控制著你的情緒。

所以，療癒靈性層面有個非常重要的循環：思想、靈性、行為跟情緒。人必須先要有所思想，有了念頭的發想開啟，才能夠想去了解自我與發展自己的靈性。

發掘自己的靈性，了解自己的潛意識跟認識自己。

因為透過思考領悟之後，得到許多智慧，也許是從旁人的經驗與自己的親身經歷，慢慢變成智慧，之後，你會用這樣的智慧，去讓自己產生行動力，就會造就了所謂的行為。

行為可能分為好跟壞，那麼關鍵在於你做什麼樣的決定、做什麼事情，這個行動、這個行為都是你自己做的選擇。

有了智慧之後，除了可以增強自己的行為執行力，還可以控制你的情緒。

所以想要療癒靈性層面，脫離不了這些循環。

想要更能夠提升靈性層面，就要大量的吸取知識閱讀，以及感受體察生活當中的變化，不要過度去討好他人，因為討好他人之後，你還是會失去自己。

那麼對於未來，也許你充滿煩惱。雖然對於未來，我們無法去設想，但對於現在的自己，不需要感到徬徨不安，你可以做的，就是安定自己的心，善待每一個時刻的自己。

每一個階段，相信自己在當下所做出的選擇，絕對是最適合自己的。

我們常常在講說愛自己，那為什麼愛自己會讓人感覺很難？

愛自己明明就是一件很簡單的事情，愛自己不是天生的嗎？

但為什麼有人是完全做不到愛自己的？

原因是因為他一直不斷地希望從愛自己當中，得到別人的愛。

大部分的時候，我們也會覺得自己是討人厭的，也會感覺到自己做得不夠好。

在這個時候，你要告訴自己說：我還是會愛自己。這樣的自我對話的確是有一些困難的，一旦決定說愛自己時，是你打從心底願意支持自己，哪怕是做錯事情，哪怕失敗了，你都不會討厭你自己。

你愛自己，是因為想要讓自己變得更好，這樣也算是愛自己，那麼把自己當作是自己最愛的人，每天想辦法讓自己過得開心快樂，這也是愛自己的方式。

人生不管多成功，都需要讓自己開心起來。

人生不管多成功，都跟真正的幸福無關。

你的幸福只有你自己可以真實的感受到，跟成功無關，跟你自己感受最重要。

持心念

我們常常說人要保持好的心念。

我們也都知道念力對一個人來說，是非常重要的，你的好念力，可以讓你擁有強大的信念力量，可能透由你的念力、想法去產生一些改變，不要小看我們的念力。

當我們一直不斷地在想一件事情的時候，這個念力所產生的力量，會讓你想要努力的去實行它，執行它。

而每件事情在執行的過程當中，難免會遇到一些挫折，你可能會因為想要去做這樣的一件事情，去消除困境，擺脫困難，然後努力的想要去達成目標，這份念力的啟動，就讓你有動力去改變一件事情。

我們不要小看改變事情的力量。

每一個人如果都從小的地方開始著手做起，可能會產生很大的改變狀態。所以不要小看一個念力的開啟，未來可能是可以改變命運的起源。

我們常常說一個人要保持好的心念，因為當你有好的信念時，你所想的都可能因為善念而聚集，會有好的改變。

慈悲心也是非常重要的，慈悲心是一種能量的啟動，有了慈悲心，便有了想要改變的慾念。

我們人生當中不斷反覆練習改變自己的方法，當你意志力堅定，就會產生強大的念力，可以為自己帶來行動力。

人的念頭，有了信念，有了想法，人就會開始有自己的執著。

當進入到執念的部分，然後這個執念越來越深入的時候，越來越堅定的時候，就會讓人產生所謂的行動力，就想去做。

當頻率對的時候，會讓大家一起去做這件事情。

頻率不對的時候，就會讓人想要閃躲、逃避，甚至於放棄，或者是想要立即去做別的事情。

這些都是一種選擇，沒有對與不對。

持著善心念，會開啟動力，也可以翻轉你的人生。

你願意怎麼想，將是改變你命運的關鍵。

適法因緣

這次在日本上課的時候，菩薩有提到，因為疫情慢慢趨緩了，我們的生活都回復到正常面向，但我們卻更需要注意疫情之後，大家所面對的問題，以及心靈成長的部分。

經過了這一次疫情的影響，大家可能都震驚了、害怕了。

所以在疫情恢復之後，人們的慾望與恐懼是交疊的。

害怕這樣的疫情狀態，會不會在數年或是之後又再度出現？

所以，人們對於這件事情產生了非常恐懼，跟惶恐的心態。

生怕疫情又出現，讓我們回到跟過去一樣，或者是再一次又出現類似相同的疫情。人們會開始產生害怕的恐懼心理狀態，也會開始學習預防著。

所以，開始會想著擔心，害怕失去，人們的慾念慾望，在此時就會開始增加。

我們要開始學習，面對在疫情過後回復到正常生活的同時，人們對於慾望這件事情是不是更急切的想要獲得更多或者擔心未來不可得？

而現在，是否激起了更多的貪心、貪念的慾望，而讓人們有了更多違法的事情？

菩薩也強調，現在疫情過去了，度化人才是更艱難的時刻。

每一個人面對生活當中的挑戰，以及自己內心心魔考驗，才是人生課題的開始。

眾生難度，所以我們要給予更多強大的力量。

希望能夠藉助人力之外，也能夠藉助法力來安頓人心。

有緣則渡，無緣則順。

心不掛礙，則無煩惱，度化每一個人的方式都不同，適合每一個人的方法也都不一樣。

我們曾經有講到所謂的「適法因緣」，就是每一個人適合的佛法方式都不一樣。

佛法是千變萬化的，佛法是講究人性的，適合某一個人，就是一種佛法。

所以佛法亦是法，因緣就是會看見這個人的個性、他所生長的環境，出現適合他的方法，去讓他有所改變。

也藉由佛法來完整一個人跟激勵一個人，讓他的人生可以趨向於更加的美好。

讓佛法進入到你的生活當中，讓你能夠善用方法，去增強你的信念，讓你可以善用方法，去改變你的人生。

未來的生活中，我們更需要藉助大家的力量，祈願的力量，祈福的力量，來幫助他人跟利益他人。

頻率

人與人之間有所謂的頻率。

頻率相同的人，會漸漸走在一起，頻率不同的人會慢慢離散，這就是緣分。

不要太在乎緣分的起，緣分的滅，這就是要順緣。

有的人緣分很深，共同經歷困難、挫折，共同享福、享樂，生活當中，大小事，吃喝玩樂、經歷困難都會在一起。

有些人，走著走著就散了。

有些人偶爾聯絡，但並不是不關心對方，也不是緣分斷了，而是相處的時間變少了，那麼也不足以影響彼此之間的感情。

頻率還在，那麼情份就還在。

當然人與人之間，因為接觸的時間長久，也會影響到彼此之間的頻率。

例如：我們常常跟正向的人在一起，跟開心的人在一起，我們的正向頻率就會慢慢的接近，共振陪伴著彼此。

你無法跟這個人產生頻率相同、共振磁場的時候，慢慢頻率不對的時候，也會讓你跟他在一起時，感覺到不舒服、不自在。

慢慢就會分道揚鑣，不是誰不好，而是頻率的關係，就慢慢的分開了。

因為每一個人所經歷的不同了，生活的環境不同了，不再像以前那麼好，也不代表你不好。

頻率是一件很奇妙的事情，你跟這個人在一起，磁場適合的，就會感覺到舒服自在。

磁場不夠吻合，頻率不夠強烈，可能就會讓你覺得尷尬或有壓力。

任何一種緣分，都有緣起緣滅的可能，都有聚散分離的機會。

能夠好好祝福，才是我們真正要學習的。

有緣惜緣，無緣祝福。

觀心念

學習觀察自己的心念，一個人的念頭難免有好有壞，當你遇到困難挫折的時候，難免會有一些負面情緒，以及不好念頭的出現，不要將這些念頭視為罪惡，也不要讓自己產生很大的愧疚，因為我們是人，有些負面情緒總是難免的。

但不要因為產生負面的情緒，就開始斷定自己是否良善。

從這個方面去思考，我們開始可以學習觀察自己的心念，知道自己有不好的念頭時，我們會立刻做一些改變，讓好的念頭留下，讓不好的念頭立即做一些修正與檢討。

時時提醒自己要擁有好的信念，那麼觀察自己的心念，也是一門生活當中非常重要的功課。

當你能夠仔細的去觀察自己的心念時，你就不會讓自己的心念偏離常軌太多，你會懂得如何控制自己的想法以及念力，你會知道良善與邪惡的分別，你會知道人生應該要實行的方向。

所以自己的心念觀察非常重要，尤其觀察自己的心念感受覺知，然後覺察改變，開啟自身的動力，你會知道透由你的觀察了解了自己，就知道該如何調整自己前進的方向。

觀察自己的心念，保持著善良的心，慈心善心，都是我們生活當中重要的一門功課。

心靈種子的選擇

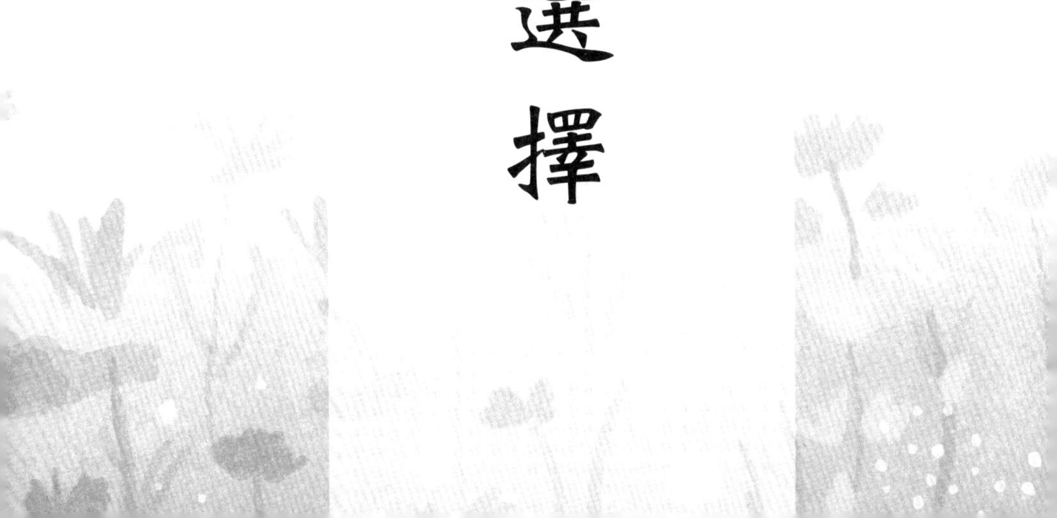

上天所給予的機會都是一樣的

上天所給予的機會，其實都是一樣的。

珍惜的人可以感受到，也可以得到更多。

不懂珍惜的人，他的心中就會出現雜念。

例如就像感情課題，相愛的人，懂珍惜就會學習互相尊重與支持，不懂珍惜，對他再好，也會常常感覺到批評，覺得：「你不是真心愛我的，你不是真心為我好的，可能你對我的好是有目的的。」

當你出現雜念的時候，看的人事物也就會不同了，也會猜測猜疑別人是不是另有所圖。

所以，你會害怕恐懼，因此好的機會，就慢慢失去了。

所以我們都要學習告訴自己，上天給的機會其實都是一樣的，我們要好好珍惜這樣的機會。

就算別人跟你不同路，就算過程不同，最後所落下的那個點，都會是相同的。

就像水一樣，它從高處流下來，可能走了旁邊的分支，過程中水可能走了其他的路程，但它最終是要落下的，只是落下的點，可能地方不同，結果不同。

但終究都是要落下的。

上天給的機會是一樣的，但是，可以由你來選擇你所要走的路徑。

珍惜每一次上天給予的機會。

別給他人有傷害你的機會

別給他人有傷害你的機會。

縱容他，便是你隱忍造成的，而隱忍變成了贊同，讓對方得寸進尺，也是你造成的結果。

一個人要改變自己的性格個性，才能夠改變習慣。不然的話會一直不斷地重蹈覆轍，過去的模式一樣，對待別人的方式一樣，就無法得到不同的結果。

就像有的人長期的去用心理戰術威嚇對方，或者是長期用同樣的模式去壓制對方，讓對方不開心不快樂。

這個狀況如果沒有解除，沒有改變，對方都會一直處在負面的情緒當中，一直害怕受到欺負或被控制，他的人生不開心，漠視這樣的傷害，傷害就會一直存在。

請不要給別人有傷害你的機會。

勇敢拒絕，勇敢說不。

我們都必須意識到不快樂的狀態，需要被改變。

當你開始嘗試改變，改變的模式，就會一直不斷的出現。

我們都需要接受改變，願意改變，更好的一天就會來臨。

我們的改變，都是為了更好的明天。

如果不去改變，就只能在原地踏步，尋求相同的模式，以及看到一樣的結果。

請你為了自己而改變，也請保護自己，別讓他人有傷害你的機會。

學習拒絕，願意說不！

不要怕沒人喜歡你

不要怕沒人喜歡你，重點是自己的心態問題。

不要因為自己不如別人，跟別人比較的同時，好像覺得自己趨於弱勢，於是就開始對自我產生懷疑，變得沒有信心。

現在很多人都選擇不結婚，選擇單身過日子，一個人的生活，感覺自給自足，一個人飽全家飽，不怕老了沒人喜歡，因為可以計劃自己未來生活的方式。

很多人認為，不談戀愛，沒有對象，就不會有另外一個人約束。面對單身，只要內心不害怕、不恐懼一個人，獨處其實都可以擁有好的生活，做什麼事情都自由自在。

當然有對象也是有好處的，有人可以分享生活的點點滴滴，有人可以依靠，有人可以相愛互相關心，也是很重要的心靈支持的力量。

當然有些人認為，沒有對象，主要是因為心靈上自由，沒有對象，也不會擔心在生活當中找不到依靠，寧願單身，也不要談沒有質感的愛情，也不要跟不適合的人在一起，更不要因為害怕失去，而不願意放棄現在不適合的對象。

有些人，因為害怕再也遇不到好的對象，就會死守著感情的缺口，繼續跟不適合的人在一起，自欺欺人的人生，會讓自己因為不放手，讓情感受到約束或限制，讓自己愛的很辛苦，明明知道不適合，但也選擇不放手。

單身很好，談戀愛也很好，重點是，你能不能夠找尋到最適合自己的方式，跟最喜歡的人在一起。

有的人明知道情人是不適合自己，或者交往的對象就是恐怖情人，甚至於是帶點暴力傾向的對象，但卻不願意放棄。

有很多的原因：例如，雖然他不好，但是我害怕再也找不到下一個。

或者想著：在一起這麼久了，付出這麼多的時間，雖然沒有愛，但是因為在一起久了，分開好像會變得不習慣。

還有：自己年紀不小了，再挑，就找不到結婚對象了。

還有人認為：怕太老生不出來，還是趕快找個對象結婚吧！

還有要給家人做個交代：大家都知道我在談戀愛，跟他這麼多年了，如果忽然間不結婚，人家一定認為我有問題。

或者：前任都結婚了，我現在不想輸，也想表現出我很幸福的樣子。

還有人認為：就算現在不適合，我相信結婚之後，對方會改，結婚之後一定會不一樣的，有了家庭，他可能就會收斂了，可能就會更有家庭的觀念。

有些人認為：必須結婚，是不想讓父母親擔心，或丟臉。

以上這些理由，都可能是讓自己在目前的情感關係當中，執著不放手的原因，勉強了自己，也勉強了別人。

讓自己處在不愉快的情感當中，可能找到的不是避風港，而是另一個讓自己陷入人生困境當中的決定。

不要害怕沒人喜歡你，不要害怕自己沒有價值。能夠讓自己有價值，能夠讓你幸福的，其實永遠是自己。

浪費了時間在錯誤的人身上，還不如把時間拉回在自己身上，來善待自己。

勇敢做選擇，不要因為害怕失去，而不做選擇、不放手。

事實上在情感關係當中，適時地放手，以及了解自我之後，勇敢的放手，這是非常重要，而且聰明的選擇。

他不適合你，你就別再執著了。

不要想要改變他人，也不期待他人真的會為了愛你而改變，真正能期待的，也就是未來更好的自己。

你選擇的幸福方程式

有時，你問別人說你現在最大的願望是什麼？

有些人會回答說：吃得下，睡得著，就是人生當中最幸福的一件事情了。

有時候你聽到網路上電視當中，會分享一些人生當中一定要去的幾個地方，或者是人生當中一定要做的幾件事。

聽過之後，當作參考就好了。

因為日子要怎麼過，其實是自己做決定的，別人所分享的，未必是適合你的。那麼如果把別人決定人生當中必須要做的幾件事情，放在你的身上，對你來講，想要努力的達成，卻變成一種壓力，那麼不是自討沒趣嗎？

所以，有的時候，在自我期許的設定當中，沒有經濟上太大的負擔，減少追求慾望，經濟上減少支出，保留較多的資產在未來的生活上，對你來講可能是減輕最大壓力的一部分。

能夠睡得安穩，當然也非常重要，也代表著你沒有太多的煩惱，能夠讓你安穩的睡覺，是非常重要的一件事情。

能夠知足平淡的過日子，其實最棒的。

能夠讓你學會接受，享受活在當下的樂趣。

到了人生第二階段，能夠開懷的大笑，能夠平穩睡覺，能夠吃的下，而沒有身體上的疾病，沒有心靈當中太多的煩惱，還可以追求日常生活當中想要的，那麼就是最大的幸福了。

當然我所謂的幸福，跟你所認知到的「幸福如何去追尋？如何去設定目標？」想必不同。

適合我的，未必適合你，那麼適合他人的，也未必適合套用在我們身上。

我們可以認為，那是一種幸福學習，接受生活當中，以及我們自己在自然條件下的選擇。

有時候，人身肉體總會產生自然衰退或退化的現象，我們要有足夠的智慧知道這是人生必經的過程，別給自己太多的負擔，別為了外在條件，給自己太多的目標設定而造成壓力。

有的時候，可能就是學會接受了變化，包含人生心靈上的變化，以前喜歡的，現在不喜歡了。

以前年輕貌美，體態輕盈，現在的你，可能因為自然衰老衰退、身體循環代謝差的情況下，外在條件有一些改變了，也能夠心境安然自在的面對。

這個年紀能夠有自我照顧的能力，有簡單運動的目標，不要有過多的期待，健康上無病痛，就是最棒的一件事情。

就算身體有某些狀況的退化，還是能夠過得非常自在，不會去糾結在生理上衰老的狀態。

不要想顛覆別人的想法，能夠睡，能夠在身體健康上有健康的狀態，其實是最重要的，當你獨處或是享受寂寞的時候，不會感覺到無聊，還會知道獨處是美好的，因為利用獨處的時候，可以從中思考更多事情，生活當中可以有更多的領悟，讓你知道也許什麼事情都不做，也不會感覺到無聊。與自己相處，感受日常生活當中的變化，其實就是非常開心的一件事。

你可以生活的懶散，可以什麼事情都不做，也可以選擇自己想做的事情，懂得安排生活、培養興趣，日子不會空虛無聊，那麼就是最大的幸福。

有時，想在外面吃飯，有時想在家裡做料理，能夠自由自在地做選擇，不必看見別人做了什麼樣的分享，而改變了你生活的面向。

你可以聽別人分享的生活，但未必要把自己的生活變得跟別人一樣，沒事情做，有事情做，都是懂得生活安排，都是生活最棒的事情。

我們曾經一直不斷地告訴大家，要懂得活在當下，因為活在當下，就是你知道如何把握當下。

很多人都知道要把握當下、活在當下，懂得及時行樂。

但這並不是要你馬上去做很多事情，然後急著在某一個時間點或者是在某一個時期把你想做的事情全部都完成了，其實並不是這樣的。

活在當下、及時行樂，是告訴你把握每一個當下，讓你做每一個決定的時候，都很自在的。

不管是做任何的選擇，都不刻意的去追尋成就，不刻意的去追尋快樂，不刻意的讓別人關注，而是懂得在生活當中的修行。

學習看見自己，認識自己，並且開始找出自己執著的點，讓心靈慢慢地沈靜下來，知道了解自我，尋找生活當中的平衡。

學習在生活當中修行與領悟，產生更多的智慧，讓你糾結的心，能夠隨之平靜而放下。

當你心中安定的時候，就是讓你感覺到幸福的時刻。

當你沒有煩惱憂愁的時候，人生就不會覺得很辛苦。

當你放下那些悲與苦的時候，不再糾結過去的遺憾，或是未完成的事情，能夠真正看見當下的需求，進而願意改變或把握，都是對你來說最棒的選擇。

當然，沒有人可以幫你做決定要過什麼樣的生活？

現在，讓你覺得自在，就是最棒的選擇。

有時候，我們人一直處在很急著要完成某些事情，然後把很多的事情，都條列式的列出來時，就會盲目的想要去完成它，但不知道是為什麼要完成這些事情？

這樣反而是不好的。

除非，你是意識非常清楚的了解自己，知道這些都是你要完成的目標，那麼時間就是這些條件最需要的催化劑。

你需要時間去完成它，不要急著讓自己產生壓力。

把這些你想做的事情，安排的生活，變成完成目標的一種儀式，人生可以很自在的生活，安排自己想做的事情，就是真正的快樂。

失敗也有價值，好好羨慕不行嗎？

不是所有失敗都是不好的，失敗是有價值的。

我們都需要反覆的思考人生價值，不做降低自己價值的事情。

自己做不到的事情，交給別人去做，認同別人有能力。

因為這個世界上，不是只有我最好，還有更多比我們更有能力的人，我們要學會認同別人的能力與成就。

必須承認，我們真的做不到，或者做不了那麼多，交給有能力的人做，更好。

承認自己不如別人，沒有什麼不好。

不要嫉妒別人做得到，要開心別人做得好，要羨慕與讚賞別人的能力比我們強，要歡喜心看見別人比我們好。

這些都是人生非常重要的價值觀念。

有些人就是見不得人好，常常看見別人過得好，心裡很酸，總是要批評一下，反而造了口業。

為什麼不能好好羨慕？好好的去羨慕別人。

當我們看見一個人，他可以出國旅行，可以吃美食，可以擁有自己喜歡的物質，買了衣服犒賞自己，為什麼會讓別人看了不開心？

這看了不開心的心理，到底是為什麼？

大家有思考過這樣的問題嗎？

我們常常看到有人在社交軟體上，分享了自己的生活。

感覺上這個人很會過生活，懂得吃、懂得玩樂，也懂得努力工作。

但不知道為什麼，有人看見了這樣的分享，開始起了酸葡萄的心理，就會開始批評說：你看這個人就是愛慕虛榮、揮霍過度，每天都在吃喝玩樂，花光家產。

所有負面的言論都出現了。

為何不能好好的羨慕別人擁有這樣的生活？

如果是一個上班族，他每天努力的工作，用自己的條件出國旅遊，或者用自己的能力去購買自己喜歡的物品，不管它價值多少，至少他做的這些事情，想做的，沒有花到你的錢。

那麼，為什麼他自己的薪水買東西給自己，或是用薪水去換取自己喜歡的東西，旅行或吃喝玩樂，要經過你的允許？要受到你的批評？

為什麼他有努力工作，有賺薪水，努力工作之後，去換得這些，卻要被人罵？他不能這麼做嗎？

當然可以，但是有些人，就是會見不得人好，開始批評別人的生活。

花錢也不對，小氣也不行，總是對別人的生活，品頭論足一番，有很多的意見表達。

但其實，別人怎麼過生活，跟你一點關係都沒有。

但有的人看到這些，總是要加以批評。

我覺得這是人自己嫉妒心的作祟，自己做不到的，也不希望別人可以做到。

我們都要去思考一件事情，看見別人快樂過生活，為什麼不能好好的羨慕他如此的懂生活、如此懂得讓自己的人生更加精彩？

為什麼不能好好羨慕？

卻要用負面的話語去回應說：「你看他又出國了！」或者：「他又去餐廳吃美食了！」

到底，他好好的過生活，妨礙了你什麼？

到底你看不下去的點、看不過去的點在哪裡？

他又沒有跟你借錢出國，也沒有跟你借錢吃美食，更沒有濫用你的錢，那跟你到底又有什麼關係？

你又為什麼要如此生氣，憤怒的去批評他做的這些事情？

為什麼不能好好羨慕他人？

為什麼不能好好欣賞別人的分享？

看見別人過得這麼開心快樂，為什麼你不讓自己也可以這樣過？

你也可以選擇這樣過，只是你為什麼不要？

也許你有你的考量，但別人也有自己的選擇，不是嗎？

別人選擇這樣過，你選擇那樣過，其實根本不相干。

但為什麼你要批評別人？

所以，我們是不是都要思考一下，自己有沒有曾經有過這樣的言論？

如果你曾經有過，那麼從現在開始，請好好欣賞別人的生活，停止批評、嫉妒心的作祟。

別再批評別人的生活，別人選擇這樣過，你也可以選擇那樣過。

挫折就是機會

把人生中每一次的挫折，當作是一個重新開始的機會。

你有機會經歷挫折之後，才能夠重新變得更好。

才能夠在有限的人生當中，選擇做出正確的選擇。

所以，每次經歷，也許你的選擇都不一定是最正確的，但是透由這些經歷，讓你能夠有所成長，當下一次更好的機會出現時，你會知道如何把握？如何運用之前所累積的智慧，幫助你開創新局，以及面對迎接新的挑戰。

感謝生活當中給予你磨練的機會，上天給予你很多的考驗，讓你能夠將這些鍛鍊，變成可以讓你學習，以及繼續鑽研的機會。

每一個人都應該要虛心接受生活當中的每一個考驗，也要學習有耐心的去迎接每一個挫折挑戰。

很多時候，能夠克服挫折困境，大部分都是需要耐心時間去釐清問題，在看見問題的癥結點之後，才能夠對症下藥，找出解決問題的辦法。

面對這最艱難的時刻時，我們最害怕的就是人自我的放棄，以及抱怨增加，又不願意付出努力的同時，就會讓人產生負面的情緒。

會讓人容易失去了鬥志，以及少了自我檢討與反省的想法，那麼就會讓人陷入於「我根本沒有錯」這樣的迷思。

所以，在面對困難挫折時，我們要感恩上天給予我們這樣的機會，讓我們可以看見自己的能耐，看見自己的不足，以及如何能夠發展自己的潛能。

這是非常重要的人生生活修行道場。

因為，這一切的經歷，都反映了你學習的態度，以及生活的態度。

不要小看我們所經歷的一件小事情。它都可能是鍛鍊我們，以及成就我們非常重要的指標。

你可以選擇不原諒

有人問說：如何原諒家暴的人？

我必須說：為什麼一定要原諒？

為何一個人做錯事情，被原諒是最後的結果？

你也可以選擇，在這個過程中，也許你最後真的會原諒他，但是原諒這件事情，可能目前對你來講，是具有很大的傷害的，你沒有辦法在這個當下原諒他。

那麼就不一定要強迫自己，必須要原諒他某些可能已經對你造成傷害的事情，甚至於可能是讓人失去生命的事情。

舉例來說：酒駕是可以原諒的嗎？

我不覺得酒駕是可以原諒的事情，我覺得你都已經喝醉了，明明知道喝了酒，不應該開車，不應該騎車，你還做了這件事情，不把人命當一回事。

喝了酒，萬一撞到了人，失去了生命，我覺得這是不可原諒的事情。

因為，你知道你喝了酒，你還開車，就是故意的，這是蓄意的。

你說：我真的不是故意的，我只是想要回家。

回家有很多種方法。

有的人會說：我又不是故意的。

那麼大家知道有多少生命，都敗在這種「不是故意」的情況下，生命就這樣消失了！

所以，我覺得有很多事情，不見得要冠上「你必須要原諒」才是具有慈悲心的。

人生中有很多的課題，有些事情是可以原諒，有些事情是不能原諒的。

那麼，不要強迫一個受害者，非得要原諒加害者。

因為，要不要原諒，都沒有人可以做主，要不要原諒，都沒有旁人可以做決定。

不能由旁人來說原諒。能不能原諒，是由受害人自己表明的。

他不原諒，並不代表他不慈悲。

他不原諒，並不代表他不應該。

他有決定權，因為受傷的是他自己，要不要原諒加害的人？要不要原諒別人？是他完全可以做決定的。

旁邊的人其實什麼都不需要說，也不能說，更不應該說：你要原諒他了！你要有慈悲心！

旁人也不該冠上那種「你學佛，你是佛教徒，你就要原諒他！」。

我覺得，原諒是一個澈底放下的過程。

當受害者還沒走到那個過程的時候，你叫受害者要真的完全的放下與原諒，這個對一個人來說，表面的放下跟原諒，其實有一天還是會爆發的，他還是會有心裡非常煎熬跟疼痛的那一面。

何不讓他自己把那個過程走完，最後到底原不原諒加害人，都是當事者的事情。最後，加害者能不能夠被原諒，加害者自己能不能過那關，是加害者自己的問題。

例如說：可能受害者覺得「我原諒你了」，但加害者一直不能夠原諒自己的所作所為，他這輩子都不能原諒他自己，那也是他自己的課題。

就算一輩子都要在懺悔當中度過，那也是當初加害者在做這件事情時，沒想清楚的結果，自己最終要承擔。

所以，我都會勸人家說，當你在做一件事情的時候，如果你覺得做這件事情可能會傷害到別人的時候，千萬不要做。

有的人經過二十年、三十年，他就是沒有辦法去原諒對方。

也沒有什麼不對，因為受害者是當事人自己，為什麼一定要強迫受害者原諒對方？

如何讓自己從要不要原諒的課題中跳脫出來？

想辦法讓自己重新開始過得好，我覺得這才是真正的重點。

可能有人受傷了，有人往生了，他都不希望我們一直沉浸在那些悲傷中，有的往生者甚至希望我們可以重新開始，讓法律來處理，或者是人間或是陰間的因果律法來處理，都希望由祂們自己來處理，也是可以的。

我們希望法律盡力的做到保護人權的動作，也希望在法律上有一個公平的審判之外，其他的都交給陰間的因果來去處理。

不能站在道德的制高點來說：「你應該要慈悲。」

慈悲不能被濫用，也不要再用慈悲框架著他人的想法。

我們要尊重生命，就如同我們也希望別人尊重我們一樣。

霧裡人生，啟悟人生

起霧的時候，讓人看不清。

但看不清楚的時候，有時候是最美的，人生中偶爾會有想要逃避的心理，不去面對，只是逃避，暫時的抽離讓自己放空思考，有時短暫的迷霧，可以讓自己看清楚問題的所在，可以體悟人生。

我覺得現代人總是急於想要解決問題，可能被要求要有效率，因此面對困境時，也會自我要求要盡快、順利解決問題，不讓他人有太多思考的空間，因此常常面對困境時，更急著做決定。

當急著做決定的時候，有時更看不清楚問題。

試著放空，有時會讓問題更可能經過思考，而被看見問題的本質。

有時候，我們對於人生是很執著的，只看見自己想看見的部分，由自己來做解釋。

自己可能無法看透其中的道理，也不知道自己執著的點在哪裡?總是一直不斷地糾結在某些過去的事件上，如此的重複循環。

因為看不清楚，所以，就像迷霧在人生當中，起了很大的作用，看不清楚，所以，不知道自己的選擇到底對不對？

起了霧的人生，讓人看不清，也容易讓人執迷不悟。

總是要等雲霧都吹散了之後，才能看清楚真正問題的癥結點。

那時候，可能自己已經承受了很大的壓力，這時候才能看清楚問題，人生也不會是白白浪費了，而是經歷了人生挫折之後，能夠擁有更多的智慧，讓人開始領悟了人生。

我們的人生，到底需要多少次的糾結、挫折的考驗，才能夠真正的悟到？

其實是不斷地從生活當中去學習的，我們都應該要擁有一個虛心向學的心，樂於在人生當中請教他人，學習虛心的接受別人的指導，別人的想法，我們都樂於參考與接受，同時能夠學習理解別人的做法，這是非常重要的。

一個人如果能夠懂得理解他人所做的選擇，就會減少很多的批判，就會帶來更多的同理心。

網路現在論壇非常的發達，很多酸民都會直接在網路上攻擊他人，有的人說：不需要太過在意。

有的人說：何必將生活浪費在這些大小事件上。

但是如果你不是受害者，你可能不會有所感受。

因為有些受害者，受不了這些攻擊，而產生輕生的念頭，這也是令人感覺可怕恐懼的一件事情。

有些酸民永遠不知道，鍵盤所敲出來的字，如同刀劍一樣是可以傷害別人的。

我們可以開始學習，生活當中減少抱怨，多檢視自己，不要有酸民的行為，尤其是在自己的說話表現上，不要尖酸刻薄，不要只是要求他人。別人做得到的，自己做不到，更要學習讚美。

如果做不到讚美這件事情，是不是能夠學習欣賞或者不語？

現在的人，想說什麼就說什麼，在鍵盤上逐一敲出自己想說的話語，有時候不自覺地傷了別人，都不覺得是自己的錯。

甚至有些人，明明知道說出這樣的話會傷人，他也毫不在乎，因為他就是單純的想要做發洩，但這樣子的發洩，會傷害到別人，真的是好的嗎？

也許有些事情，我們看不過去，也許有些事情，我們無法接受，但未必要針對這個人做出嚴厲的批判，甚至於寫出讓人活不下去的文字獄。

我們都該好好想想，你要讓鍵盤敲出的字句能夠鼓勵他人，還是如同刀劍一般傷人？

以後在敲出鍵盤字的時候，我們是不是能夠再仔細思考一下，你所要表達的，是對事件的分析？還是只是為了要打字去傷害別人？

下手之前，我們都應該再想一想！

不恐懼於未知

有人說：「未來幾年後，會有災難。」一直希望我可以求證菩薩，是不是真的會發生這樣的事情？

其實，我們都不要去想這麼多，現在二〇二三年，說幾年後會有災難發生，我們都不知道明天會不會有災難，何必想到那麼久之後的事情呢？

今天、明天可以好好的過比較重要，活在當下，先別自己嚇自己。

如果說真的有災難來的時候，誰也逃不過，先過好當下的每一分、每一秒。

不要老是去想未來未知的事情，不要去想到幾年後可能發生的災難。

你可以有個願景說幾年後要去看極光，幾年之後要去那裡玩，當然可以發願了。

但不要自己嚇自己，總是往不好的地方去想。

我知道有人會說自己是杞人憂天，所以都要先做好準備，但是提前先擔憂，又有何意義，別人早就過了好幾年快樂的日子了。

你又何必先擔心，而且根本無法得知是不是真的會發生？害怕的事情不要去想，誰又會知道未來會發生什麼事情？

我都不知道明天會怎麼樣，何必想幾年之後的事情。

而且，講一些比較負面的或者讓人害怕的事情，就會種下了一個擔憂的種子。

其實不管你講的是壞的、好的，都會種下一個心靈的種子，在別人的身心裡面滋長。好的，就會在心裡面種下一個好的種子，就會發光，它就長大，你就會充滿力量。

你恐嚇了別人，種下的是一個不好的種子，它就會讓人覺得害怕、驚恐，可能這段時間，他都過得不好，或是過得很擔憂跟很恐懼，到底有什麼好處，對不對？

也許這些事情本來就不會發生，先活在當下，做好當下每一件事情，做好自己的本分，不是比較重要嗎？

不管未來如何，我們現在都要好好生活著。

種下心靈種子

我們都會找自己信任的朋友，訴說心底的話，抒發心情。有時候，朋友也會相對的找我們去抒發他的心情，安慰他跟鼓勵他。

有時候，這樣的情緒抒發，的確會消耗自己很大的心靈能量，因為你必須在傾聽完之後，給予對方建議，或者是靜靜的當個傾聽者，你也必須消化這些內容，然後給予對方意見或看法。

在這樣相處的模式下，其實有時會讓人感覺到疲累。因為可能在聊天過後，你所感受到的情緒張力，在對方訴說完發洩完了之後，你卻還在繼續承擔著，或者在聚會結束之後，你還一直不斷地在思考如何幫助他，以及如何找到尋求解決的辦法。

但對方可能在訴說完的時候，他已經慢慢放下了，而他的負面情緒卻對你造成某個程度上影響，有時候久了之後，會在人的潛意識當中，種下一個心靈種子。

例如說，你總是聽到你的好朋友說明談戀愛有多麼辛苦，跟情人相處有多麼多的障礙跟小事需要去做配合。

然後，可能其他的朋友講到對愛情的忠誠度時，總是抱怨另一半一直不斷地外遇或者是劈腿，久了之後，會讓你對於感情開始產生懷疑，會在愛的關係當中產生不安全感，這些可能都是你在聽完對方訴說情緒，抒發情緒完之後，難以想像的震撼彈。

因為它可能在經過消化或者傾聽之後，變成了你心中潛意識的擔憂。

你會開始投射出擔心害怕自己未來遇到感情的時候，可能也會出現這樣的狀況，你會把別人的故事，投射到自己生活當中，漸漸的，在沒有完全消化以及釋懷的情況下，它就會帶入到你的生活當中。

所以，當你聽完對方發洩一些情緒上的垃圾時，你要懂得也把這一個情緒的垃圾丟出去，不要讓它留在你心裡，並且告訴自己說，這是單一事件，跟你沒有關係。

只是發生在朋友的身上，並不代表所有的人都會遇到相同的狀況。

不要讓自己的心靈產生很多恐懼或害怕。

再來就是家人之間，有時候會有一些家人自以為你本來就應該要承擔的情緒勒索。

例如說：你的家人要求你必須配合全家人做一些選擇，你因為怕家人感受到失望，怕拒絕他們會遭受到質疑跟責罵，所以你就選擇配合。

為了要製造家庭當中的和諧，你無法表達自己的想法、語氣。

尤其疫情期間，漸漸變成了承擔跟不能拒絕的壓力，很多事情也許你真的做不到，但是因為你不表達，你的家人會認為這個工作本來就是分配給你來做的，你又從來都不說你做不到，你從來不拒絕，等到你做了十次之後，拒絕了一次，他們就會認為：你到底為什麼突然間在這個時候說你不要做了？可能就會因此而大吵一架。

他們覺得你變了，可是你只是單純覺得累，不想繼續做了，也不想再替他承擔了。

可能在做第一次的時候，在選擇迎合第一次時，已經很委屈了，但卻沒有把這樣的想法表達出來，就會讓別人誤以為：你是可以一直不斷地做下去的。

所以，有時候為了要營造全家人之間的和諧的關係，你可能適時地也是要學會拒絕。

不要因為害怕造成家人的失望，感受到自責，或者是覺得受挫，這些都是為了要讓家庭分工和諧更加順暢，必須要做的學習。

我們都可以把問題攤開來，或者是把問題做一個討論。

有困難，其實家人是最好說話的。

當然也會有家人給予你所謂情緒勒索的壓力，但不管如何，我們都必須學習開始在會令自己受傷的關係下，漸漸為自己發聲。

否則不健全或者是情緒勒索的心態，只會讓自己在關係當中，一直不斷地受傷，被人壓榨的情況，一直不斷地出現，會讓我們懷疑了自己的能力，以及懷疑自我的價值。

所以，你現在可以有一些不同的想法，例如：選擇自己想做的事情，結交自己合得來的朋友，或者是你願意跟他人分享不同的想法經驗，生活學習表達自己的想法，順從自己的意見，清楚的了解自己處在何種關係類型下，是能夠感受到自在的。

你以自己為中心建立的關係，其實是感受到自在的。

我們要改變一件事情，必須投入大量的精力，不斷地去嘗試，例如說：想要建立一個新的習慣，你不是做一次就好了，是需要做很多次，讓這個你想要改變的事情，建立成了一種習慣。

當我們跟別人之間建立關係也是一樣，你第一次的時候受挫，你要表達自己想法時被否決，你在表達第二次的時候，別人會覺得你又在發脾氣了，在表達第三次、第四次的時候，他人便開始會去思考，是不是真的有這樣的問題？

可能再多抗爭幾次，或是多表達幾次之後，別人就了解你真實的想法了。

當然這是最好的結果，但我們有時候，可能也必須要認知到，就是你表達了十次，未必這十次都會產生所謂的衝擊或是覺醒，讓別人真正開始了解你。

有可能你表達一百次的時候，別人還是覺得你在無病呻吟，他還是不會重視你所表達的意見。

所以，不妨開始建立所謂的自在的關係，就是讓自己接近更適合你的朋友，這些朋友是友善的懂得體諒他人、關懷他人的人。

甚至於，是能夠給予你更多支持力量的人，他的想法跟經驗未必跟你相同，他的價值觀跟他生活的型態，未必跟你相似，但是他能夠試著去迎合以及支持你的任何想法，那麼不再只是主張自己是強大的，而是能夠學習接受別人不同的看法。

這樣就可以為你的人際關係，帶來更健全的連結網絡，不會陷入彼此認知不同、想法不同，而產生僵化僵局的關係。

你能夠在內心感受到這種良好關係時，就能夠開始喜歡那些人跟自己相處的狀態，然後當你跟喜歡的人相處久了之後，你就會感受到在別人身上可以獲得的是更多的學習，更多的體諒，更多的互相。

因為感受到不同立場、不同想法、不同價值觀所激盪出來的火花，不會讓你感覺到焦慮或者是想要改變對方，而是更能夠激起不同的火花，讓你能夠知道接受別人不同的意見，以及接受不同個性的朋友，所討論出來的事情，以及所發展出來的結果，是多麼能讓你的生活產生多采多姿的狀態。

你會開始認為，只要跟維持這樣自在關係的朋友們生活著，已經算是第二階段生活當中，建立最大的情感關係，讓你自己在關係當中，可以得到更多的愛與心靈上的穩定。

我們在心底撒下了一顆溫暖的種子，讓我們與周遭的朋友，一起滋養這顆種子，讓它成長，讓它迎向陽光，也能燦爛微笑。

種下一顆美妙的心靈種子，所有的美好都能夠綻放光芒。

人生選擇這樣過

當下的選擇都不是遺憾

當下的選擇，都是當下必然的產物，過去都不是遺憾，不要再去糾結於過去，每個當下的選擇都是必須的。

也許再讓你經歷一次，你會有不一樣的選擇，但是在當下那樣的時空背景下，你可能還是會有同樣的選擇。

當然，人可以思考，人可以反省反思，這都是好的，但別糾結太久，能夠思考反省，還要能夠繼續前進。

活在當下時，先認清當下，不是要你全然接受，而是要你了解狀況。願接受，就要真正讓自己體認、放下。不願接受結果，就要努力改變，學習變得更好。

面對逆境與不順，如果你已經選擇妥協，就不要抱怨別人讓你做了這個選擇，也不要抱怨別人做了什麼，而讓你無從選擇。

選擇都是自己的，否則你可以堅持自己的選擇，別再把責任推到他人身上，其實我們都知道，要為自己的選擇負責任。

學會尊重別人的選擇，這不容易，因為我們常常會因為不喜歡、看不慣，就會指正對方，試圖想要去改變對方。

我們都應該學習接受，每個當下的選擇，都不是遺憾。

然後，過去的已經過去了，我們真的要學習放下，真的不需要花那麼多力氣去仇恨一個人。

浪費時間、徒勞無功，而且對方不會因為你做了什麼而改變，你的人生，該努力的是你多做些什麼，可以改變自己的命運。

被理解的愛

在被愛的當下，我們都了解到，除了愛之外，更希望被尊重。

每一個人都渴望被愛，我們知道在與愛人相處時，為對方付出與妥協的部分，有一部分是需要真實面對自我，保有自己的空間。

因為愛一個人時，每個人都是可能渴望有獨處的時間，並認知，只有自己才是相伴自己一輩子的人。

人生的經歷，很多時候是緣分串連起來的。

有時你與這個人相遇相戀，在熱戀的情況下，你願意為對方做出任何的犧牲奉獻與妥協。

為了相處，為了愛，你願意縮小自己，讓對方展現他想要的部分。

但總是在這樣的配合與妥協之下，慢慢地會讓人感覺到沮喪，或許偶爾讓你獨處時，會感覺到落寞。

因為，你知道像這些適時地犧牲跟妥協，其實是為了維持一段關係，但卻讓你自己受到了禁錮。

可能在某一個僵局產生的當下，你會說出自己的感受，但更多時候，有很多人因為害怕失去一段關係，無論如何都要謹守著，因此開始產生了不快樂、不自由，更不敢表達真正的自己。

深怕一段關係的維持不容易，可能就因為自己想要表達內心真實的想法，而讓彼此之間的感情不再？

也許你都曾經經歷過那樣的恐懼，為了愛，反而努力的委屈自己，配合著對方。

直到後來你才懂得，真正痛苦的一段關係，不是配合對方，不是努力的犧牲自己，也不是積極的去討好對方，真正痛苦的是，你在一段感情當中，你已經漸漸失去了自己，看不見自己真正想要的。

於是，當一段關係結束之後，重點不再是所謂關係中的角色，而是去看，在這段感情當中，你是如何一點一滴的失去了自己？

最後在產生痛苦以及懊惱之中，你想要把真實的自己找回來時，你會發現很多人在失戀過後，都會產生一個感想就是談戀愛好累。

為了對方付出再多，犧牲再多，發現對方還是沒有改變，原來他還是原來的樣子，但是我變了，我變成了不是原來的我。

剛開始的相愛相知，讓人感覺到愉悅快樂，到後來的委曲求全配合對方，漸漸失去了自我。

讓一段關係的存在，不再是你跟我，而是你跟我願意改變，我願意為你改變之後的我，已經不是讓你自在做自己，所以，你會在這段關係裡面感覺到痛苦委曲。

漸漸的，就無法延續這段感情了。

人生到了第二階段之後，不再只是找到感情當中激起火花情慾的伴侶，更希望追求的是靈魂的伴侶，而那種屬於靈魂層次，可以相知相惜，談天說地的伴侶，可遇不可求。

別勉強自己，如果遇到了對的人，要懂得珍惜。

如果這個人一直沒有出現，也不要勉強自己必須要找個心靈伴侶說話，也許感情好的朋友，一起做些開心的事情，這樣也很好。

不必再對生活當中必須出現的人物或主角有所期待，一個人過生活，也可以是非常豁達快樂，只要是你自己能夠接受的生活形態，能夠享受的方式，那麼以後就這麼過也沒有關係。

人生如果選擇這樣過，那麼就讓自己去選擇。

當然有時人會覺得寂寞，很希望有人陪伴。

有的人會說，至少我身邊有一個人跟我在一起，寂寞的時候有人陪伴，就算不說話也有人在我身邊。

但是和一個讓你不快樂的人在一起，真的會讓你日漸憔悴，個性消沈。

你可能得到的，不是只有寂寞而已，而是失去更多的自我。

那麼何必為了不想一個人生活，而找一個人陪在身邊，可能不是消除寂寞，反而是帶來更多的衝突。

人的心境都是需要經過人生的淬鍊，能夠讓你逐漸感受生命所創造出來的智慧，心境也需要一些時間，才能夠明白歲月是在這些時間的催化下，慢慢地讓人感受到成熟與穩定。

而能夠懂得珍惜，就能夠讓我們的人生就算是除去了這些激情之後，還能夠帶給自己更多穩定的力量，還能夠依然珍惜這份感情，所謂平實的愛，其實就是平凡的愛，越平凡越幸福。

做錯選擇沒什麼

人生面對不同的經歷當中，有的人面對生死交關的問題，有的人面對工作上的難關，有的人在情感上面受到了很大的傷害，有的人在生活當中，可能正面臨到了多重選擇的困難。

看一看別人的問題，有時候會讓自己想更多，心思更多，甚至於也會發現，其實自己是幸福的。

別人在經歷那些課題的時候，的確是很需要靠經驗、靠智慧，甚至於靠安定靜心來做選擇，都不容易。

生活其實都不容易，人生其實都很難，但不管怎麼樣，我們都要很努力的去面對。逃避並不能夠完全的解決問題，只有真正用心去面對你自己的生活，你才能夠為自己找到真正的方法。

而這個方法，是真的最適用於你，不是看別人的人生來做選擇，而是依照你自己的人生，爲你自己的人生，做出最適合你的選擇。

未必跟別人想的是一樣的，你做的選擇，跟他做的決定，都不可能有完全相同的經驗跟方式。

但如果可以的話，用你自己的經驗，用你自己的智慧並冷靜下來之後，再去做決定，我相信你不會做太錯的決定。

就算做錯選擇，也沒有關係，人生做選擇，不會一次就選對。

做每一件事情都認真

每一個人都應該要好好的生活著，認真生活是很重要的，我們都聽過很多生活哲學，但其實最重要的，就是自己的生活態度。

如果你可以做一件事情時，都是非常認真地活在當下，好好的學習，好好的吃飯，好好的睡覺，做什麼事情都認真專一，都是一種生活哲學。

人要勇於規範自己，否則人在不知不覺中，總是會選擇最輕鬆的道路行走。人都是容易貪圖安逸的，也都是好逸惡勞的。

一旦辛苦久了，就會嚮往過安逸的生活；一旦受的挫折多了，就會渴望平靜與平凡、簡單，但人總是要有所規範，否則太過於放縱的方式，讓自己活在不夠有規則、條理的生活當中，或者是沒有正確價值觀的生活中，就容易沉溺於玩樂。

太過放縱，容易讓人鬆懈而不去思考，太過貪圖隨便，帶來的就是混亂的遭遇，有時容易在不知不覺中，失去了自己過去所努力建造生活方式。

人生需要盡情的去愛你的工作，愛你的生活，愛你的同事、家人、朋友，越愛越有感情，越懂得愛自己。

多觀察，多關注自己心裡面的感受，才能夠真正的愛自己。

我們都應該要停止討好他人，學習能夠真正瞭解自己。

生活認真，認真的生活，盡情的生活、學習。

活在當下，你值得更好的付出。

擁有快樂，並不是一定要擁有很好的物質、要有很好的反饋，而是在心靈層面更多的快樂。

真實的快樂，才是我們可以提升心靈最重要的部分。

選擇當一個更好的人

我們都立志希望當一個更好的人，所以我們的任何學習，都是為了要朝向更好的發展。

平常努力做好人生功課，犯錯時，努力懺悔，都是為了做一個更好的人。

過去可以為未來做一個好的引導，希望能夠讓人們在願意修行學習的過程當中，找到自己真實需要以及想要的。

內心不會感到迷茫、不會困惑、不害怕失去，沒有太多的煩惱無明。

善於思考，讓自己試著把心靜下來，看見自己的需求，不再害怕無知的未來。

對於自己過去所造成的傷害，都能夠釐清，清楚知道自己錯在哪裡？

而且勇於承認錯誤，不害怕面對過去不成熟的自己。

面對犯下的過錯，能夠真心的懺悔、發心的請求原諒，以及不二過、不再犯，這才是真正可以將自己邁向更好人生的路徑。

逃避無法真實的面對自我，一再的掩飾錯誤或者逃避問題的癥結點，看不清楚自己的個性，不瞭解自己的本性，不做任何修改導正，那麼只會讓錯誤一直不斷地錯誤下去，所以適時的必須要讓自己有所明白，靜下心來的功課，一刻也不能少。

因為現代人都太過忙碌，沒有靜下來思考的時間，容易讓人頭腦思緒不清，也容易有了錯誤的觀念。

如果我們可以常常靜心，靜下來思考，會幫助我們看清更多人生的真義。

我們都立志希望當一個更好的人，而這份功課，都需要我們努力做好。

選擇做個有能力的人，為別人帶來正向

我們都應該要學習善用影響力，去做有意義的事情。

每一個人多多少少在自己的生活當中，都擁有了某些影響力。

善用你的影響力去影響身邊的人，去改變他人，用自己已經改變了的狀態，去影響他人，是非常重要的。

別人看見你改變了，變得更好了，他就想要跟你一樣變得更好，所以你是典範，你是驕傲。

在努力尋求改變的同時，我們要傾聽內在的聲音去做決定，不依循他人成功的模式，因為那些成功的模式是別人的，不是你自己的，這些模式都只供參考，但是不見得是適合你的。

試著增強自己做事的動機跟能力，增強自己對人間事物的興趣，就會增強你的行動力。

如果你認爲自己是一個有能力的人，你可以多幫助別人，多做利他的事情，例如說，你今天做的這個選擇，是對別人有利的，你可以多做，因為這是好事。

如果你今天做的一件事情，是可以幫助到別人的，當然多做。

你是有能力的人，做了會很辛苦，那麼就多做沒關係。

有的人會擔心自己做太多，被他人佔了便宜。

如果說你在做的當下，還想到的是：「我多做了，那別人就少做了，那我這樣不是吃虧了嗎？

我又不是笨蛋，我爲什麼要多做？我們領一樣的薪水，那我多做了，不是吃虧了嗎？」

如果你這麼想，那就不要做，因爲你做了會不高興。

你覺得說：「我吃虧了，我多做了，結果別人都好像很空閒的在那裏。」這樣你就會開始產生憤怒的心。

今天做的這件事情，會讓你不高興、不開心，你就選擇不要做。

但如果你覺得：「我是一個有能力的人，我可以多做。」不去想到吃不吃虧、佔不佔便宜的問題，也很好。

你也可以選擇這麼想：「好吧，我就做嘛，因爲我有能力，別人要偷懶，別人要佔我便宜，別人因爲我有能力而指使我去做，我不去在意，做了就做了。」

有能力多做，是一件快樂的事情。

既然你是一個有能力多做的人，那就代表你有可以被利用的價值。

別人要利用你，你覺得你不會不開心的，那就被利用，也沒有什麼關係。

一個人有價值是一件很棒的事情，先別去想別人用什麼樣的心態來對待我們？

因爲那並不重要，那是他的想法，他要利用，也是他的選擇，我們別想這麼多。

有能力的人，就多做一些，但這個前提是，你多做一點，你是會開心的。

如果你多做，你是會不開心的，那當然就不要做，不然的話，做了之後，一定會一直碎唸，一直講，一直一直怪罪別人，反而更不開心。

被人利用是件好事，心態取決於自己。

如果我們可以用一點點正向的影響力去引導他人，都是很棒的一件事情。

人生真的不需要斤斤計較，也不需要看誰吃虧或佔便宜，願意承擔，總是有更多的好運在前方等待著你。

心善口慈悲

口善心善是個很重要的學習課題。

有的人嘴巴就是愛比較，有時說的話不好聽，但心裡面沒有那個意思，就會為自己辯解說：「我刀子嘴豆腐心。我天生心腸就是比較好，但是我嘴巴比較壞，所以我刀子嘴豆腐心。」

我記得菩薩曾經在書裏面有告訴過我們，刀子嘴豆腐心都不能算是真正的善良。

如果你心很善良的話，是出不了那個刀子嘴的，所以，不要再說：「我是刀子嘴豆腐心。」

心是真的善良的，連刀子嘴都不會出現，所以別再用這句話來當做藉口說：「我是爲你好，所以，我才說出這麼難聽的話。」

如果，你是為對方好，要說出讓對方可以聽得進去的話，你可以用你的智慧去修飾這些話，讓這些話變得好聽，這是你的智慧，這是你可以運用的方式，但不一定出口要傷人。

既然心是善良的，我們也要想辦法讓口變成是善的，是好的。

這個口善是希望話可以好好說，很多人是沒有辦法接受激將法的，激將法的方式可能以前有用，但對現在的人來說，人與人之間的相處方式，一直不斷的在做轉變，你用激將法的方式，未必能夠真正引導他人，未必能夠激發對方的潛意識，或是激發對方的潛力，可能只會激怒了對方。

既然心是善的，口也要跟著善，不要再說：我說這句話沒有惡意，我只是說出實話而已。

這句實話也許不好聽，如果實話真的不好聽，就想辦法修飾，說實話是很好的，誠實的說出我們的想法，是一件很棒的事，但你在說這個誠實想法的時候，可能要稍微婉轉一點的講述。

「我現在要說的話，可能在你聽來不是那麼的恰當好聽，但是我的想法是這樣的，我只是表達我的想法，並不代表說我的做法是對的。」

你只是表達你的想法，但表達想法的時候，不是要做人身攻擊，不是要傷害對方。

口善心善，你的心要好，嘴巴也要好。

你的念善，你的念頭如果是好的，就應該要從你的心裏面去想：你今天要好好說這個話，應該要花一點智慧、花一點想法去思考，怎麼樣把話說好，讓這個人可以接受。

思考需要時間，思考需要智慧，你在花時間想一件事情，讓這個人可以聽進去，這是一件多麼棒的事情。

因為你有為這個人著想，你知道可能要用適合他的方法，來讓他聽進去這個善念、這個想法，光這個想法的開端，已經這麼好了。

你在為這個人想時，你所有的起心動念，都會因為你如此為他著想，一定會想出一個適合他的方法。

而不是用刀子嘴豆腐心來對付他，或是激怒他。

其實我也看到很多親子之間相處的問題，有些人說：「我不知道怎麼樣跟我的孩子相處？

我的孩子們說話很衝，講話講不聽，爸爸媽媽的話都聽不進去，我不知道怎麼跟他們說話？」

這個方法也適用在於我們怎麼樣跟我們的下一代好好說話。

我覺得爸爸、媽媽可能要去開始慢慢學習，我們年輕的時候，說話是不是也是那樣衝動？

我們那個年代，生存的環境跟社會都很單純，沒有什麼多元性可以接觸，也沒有手機或其他豐富的資訊可以接觸，而現在不同了，孩子接觸的事物寬廣，接受資訊的能力又強，網路世界如此發達，不受影響都很難。

你要你的孩子跟以前我們那個年代一樣乖巧，都不說髒話，也不會做一些奇怪的事情，其實是很難的。

聽不懂孩子在說什麼，結果硬要他用你可以溝通的方式跟你溝通，那對他來講，他可能覺得比生活在遠古時代，還要更痛苦。

因爲他不知道怎麼樣跟山頂洞人說話？

我們對他來講，就是山頂洞人。

所以，我們可不可以用一種願意接受孩子想法、願意去瞭解的方式，去了解你的孩子到底在講什麼？

不要覺得孩子們說話很衝，這個年紀、這個階段的孩子，他們說話有他們的方式，如果要用那種中規中矩的方式去跟他們說話，他們可能會瘋掉。

我們可能就是聽到他要表達的，其他的細節的部分、他的發語詞，這些都不要聽。

你只要去關注在你的孩子是否健康平安，然後你的孩子願不願意傾聽你說話，如果他不願意，他沒時間，你不要強迫他。

我覺得爸爸、媽媽要去找出可以跟你的孩子溝通的方法，未必我的方式可以提供給大家參考，因爲每個孩子，真的跟你相處的方式不太一樣。

但我只能告訴你，孩子們正在長大，他們正在經歷叛逆期，也許你說的話他們不願意聽，但給他們一點時間，他們真的會慢慢長大，會慢慢變成熟的，他們會慢慢聽懂我們的話，或者是我們會慢慢聽懂他們的話，也許要花很長的一段時間，但是你必須要有耐心，然後，不要去否定你的孩子，不要去說你的孩子不好。

也許這些等待的時間裡，你可能會遇到不能理解孩子的某些行為，不知道他為什麼要這麼做？

你可以問他說：我不太清楚爲什麼你要這麼做？你可以解釋給我聽嗎？

如果孩子沒有太多時間解釋，他說：「我以後再跟你講」，或者是，「你以後會懂！」

好吧！那我們就當做我們以後會懂。

不要要求孩子一定要聽話才是乖。

允許孩子可以有自己的想法。為什麼一定要聽爸爸媽媽的話才是對的？

我常常告訴父母親：別緊張別緊張，你的孩子長大了。

雖然我自己也很難做到，尤其我是一個非常容易緊張的媽媽，我也難學習放手，但是孩子長大了，父母親也要跟著長大。

你的孩子有一天會了解父母的用心的，真的需要一點時間。

然後，非常重要的一個點，別去否定你的孩子，別對孩子說出難聽的話。

例如說：「我不知道爲什麼我會生出你這樣的孩子？」

「我不知道爲什麼你會來到這個世界上，我不要當你的爸爸媽媽了。」

這些話千萬不要講。

因爲這些話，真的很傷人。

他們很渴望祈求你的瞭解，然後我們用這種話去傷害對方，好像做了一個很天大的注解，對他的人生來說，就是「我很後悔生下了你」。

「我很後悔生下你，當你的爸爸媽媽。」這樣的話，對孩子來講是一個全面性的否定，這是很可怕的一件事情。

不管你如何生氣，都不可以說出這些話。

你可以說：我的用心，你現在不能瞭解，我期望你以後能瞭解。

千萬不要說出會讓對方覺得傷心的話，孩子也是很脆弱的。

念頭很重要，如果你真的是好心好意，或者是善心善意，那麼你說出來的話，就要是好心好意跟善心善口。

既然心是善良的，嘴巴也要好好說。

每一個人都喜歡聽好聽的話，希望對方可以聽懂你想要溝通表達的，那就把話好好說，這個溝通就會進行得更加順利。

多祝福，少批評

希望多給別人一點祝福，少給一些批評。

有的時候，不要只是批評別人做了什麼，我們的人生少一點憤恨，會讓你的人生順利很多，也會帶來喜悅。

我們都喜歡聽好聽的話，也會因為聽到好聽的話，而努力想要去做些什麼，證明自己的能力。

尤其我們在做某些規劃，或是選擇的時候，聽見別人的讚賞，就能夠身體力行，好好的把這些事情做好。

每一個人，力求盡心，認真活在當下，凡事盡心盡力，我們就能夠更加的勇敢面對他人的批評。

很多情人在一起久了之後，愛爭吵，夫妻之間結婚多年，開始不尊重對方，也常常出現隔閡，一吵就是冷戰許久，這都是因為彼此之間，已經不再感恩對方，而且有時候還看不起對方。

情人之間，若是失去了感恩對方的心，就會變了情。

學會付出與感恩，是非常重要的。

對方從過去陪你到現在，所有的經歷都陪伴著，除了感恩，還有恩情在。

他為你所做的都是真心的，所想的可能都是對方，如果我們願意感恩對方，會讓彼此之間的感情，更加親近。

多些感恩的心，讓你的人生中，有願意支持你的重要人物存在，你會願意為他改變，他也會願意為你全心全意付出。

不是每一個人，在為他人付出的時候，都是有目的去設想的。

有的人，真的是發心發願的，為他人著想，為他人付出，不求任何的回報。

但是，現在的社會充滿著懷疑，充滿著猜忌。

很多時候，你單純的為對方好，為對方付出，有時候還會落得別人猜想你是不是貪圖什麼，才會對他這麼好？

在這樣的社會風氣下，你是不是還能夠堅持，繼續做對的事？你覺得值得付出的事情，就憑藉著每一個人的智慧去做判斷。

有些人，一遇到挫折，他就容易產生放棄的念頭。有的人是越挫越勇，他覺得這是他自己真心想要做的，所以不必他人為我評價，也不是為了得到別人的回饋與報酬才這麼做的。

所以，每一個人在做一件事情時，他背後的動機，我們都無法完全能夠掌握跟理解。

看見有人真心的付出，讓我們感受到非常的感動。

但不要主動去設想別人背後的目的性，因為不是所有的人，都是如此的。

我們懂得感恩，願意付出，會讓我們的生活中，多些貴人，多些支持的力量。

支持你的家人，樂於付出，讓他們知道，身邊有你，一切都不需要擔憂。

善良是種選擇

選擇自己的路，不依循他人的選擇。

每一個人都有獨特的價值存在。

有自我的想法、真正的思考力，而不是聽大家怎麼說，你就怎麼做。

你可以有表達自己意見的機會，我們也希望大家能夠學習表達自己的意見與想法，不一定要聽別人的意見，也不一定是位高權重的人說話才有地位。

每一個人都可能是我們生活當中的導師，可以從中教會我們什麼。所以不要小看自己。

當生活中沒有任何激情，歸於平靜的時候，可以讓人看得更清楚環境。

做事不急，思考不急，反而能夠做出更好的選擇。

最近遇到很多人在討論霸凌與傷害他人的事情，有人開始擔憂，太過善良的人，是不是無法保護自己？

我覺得大家不要擔心人善被人欺的問題。

善良是對的。

善良是可以選擇的。

人之初，性本善。

如果你有這個疑問，那麼可做的，便是一種選擇，你也可以因為擔憂常被欺負，而選擇不要善良，沒有人說你不對，因為這是選擇的問題，沒有誰對誰錯。

每個人都有選擇權，都可以選擇反擊，或是堅持下去。

善良是種選擇，沒有對錯。

就像，你覺得人生有很多的疑問，你可以選擇相信或不相信，你也可以選擇相信你自己。

你心裡面所想的，那都是一種信念。

它是為了要支援你繼續走下去的力量。

不管你選擇相信什麼樣的信念，它都可以支撐著你堅定自己的心，一直不斷地向前邁進。

善良是種選擇，你的選擇正閃耀！

人生有選擇，是一件開心的事

不管你做了什麼樣的選擇，人生有選擇是一件令人開心的事。

重複的課題一再出現，出現有一定的道理，課題出現了，代表總要有解決的辦法了。

當然，面對困境時，我們總是竭盡所能，找出解決問題的辦法。

我們的人生在選擇之後，雖然未必能夠達到我們所要的結果，但是你終究有盡力。

有的時候，人會生氣，是因為你做了一件事情很努力，你很想要改變，但是改變不如預期，讓你失落，當然會讓人沮喪，也會讓人生氣。

但同時，在這樣受挫的情況下，你學習轉念了，就是不同的層次與學習。

你不再只是抱怨失敗，你開始懂得從抱怨中看見自己的念頭，看見自己的成長。

有的人在生活中善用念轉，覺得自己很棒。

即使我們人生做了選擇之後，未必真的可以得到我們想要的結果，但這個結果往往會帶給人生很大的衝擊跟領悟，這些轉變的過程，才是最重要的。

有的人會選擇歡喜接受這個結果，喜歡的成分，是因為這個結果跟他想的是一樣的，所以有些人就會覺得開心！因為他的努力得到同樣的報酬，讓他覺得開心。

可是有時候，對於結果不是滿意的人，這個結果跟他當初所預設的不太相同，在不得已跟不能改變結果的情況下，他選擇接受，這算不算是一種學習？

尤其在感情當中，當你很愛一個人的時候，可是那個人未必可以給你相同對等的愛，你也願意學習的時候，其實就會比較平靜，這也是一個學習的過程。

當我們得不到的時候，學習接受事實，學習接受結果，或許會讓人覺得沮喪，產生許多的煩惱，但是這是我們必須要學習的。

人生有選擇是一件很棒的事，你可以不斷練習念轉，不斷從中學習經驗，為了成就更好，你所經歷的更加豐富，更能夠試煉你的潛能。

一個人能從挫折中站起來，就能從選擇中看見希望。

國家圖書館出版品預行編目資料

念轉運就轉 . 24, 人生選擇這樣過？！ / 黃子容著 .
-- 初版 . -- 新北市 : 光采文化出版事業有限公司，
2023. 02
面； 公分 . -- (智在心靈； 74)
ISBN 978-626-95773-4-7(平裝)
1. CST：生命哲學 2. CST：修身
191.9 112000798

智在心靈 074
念轉運就轉 24 人生選擇這樣過？！

作　　者　黃子容
主　　編　黃子容
封面設計　顏鵬峻
美術編輯　陳鶴心
校　　對　黃子容
出 版 者　光采文化出版事業有限公司
新北市永和區中正路 454 巷 6-1 號 1F
電話：(02) 2926-2352
傳真：(02) 2940-3257
http://www.loveclass520.com.tw
法律顧問　鷹騰聯合法律事務所 林鈺雄律師
製版印刷　皇輝彩藝印刷事業有限公司

2023 年 2 月初版

總經銷：大和書報圖書股份有限公司
地　址：新北市新莊區五工五路二號
電　話：(02) 8990-2588
傳　真：(02) 2290-1658

定價 300 元　　ISBN 978-626-95773-4-7
Printed in Taiwan